人力资源管理与教育培训工作实务

李　毅　单伯俊　宋晨歌◎著

 中国商务出版社

·北京·

图书在版编目（CIP）数据

人力资源管理与教育培训工作实务 / 李毅，单伯俊，宋晨歌著. -- 北京：中国商务出版社，2024.4
ISBN 978-7-5103-5143-3

Ⅰ．①人… Ⅱ．①李… ②单… ③宋… Ⅲ．①人力资源管理－教育培训 Ⅳ．①F243

中国国家版本馆 CIP 数据核字(2024)第 087011 号

人力资源管理与教育培训工作实务

RENLI ZIYUAN GUANLI YU JIAOYU PEIXUN GONGZUO SHIWU

李毅　单伯俊　宋晨歌　著

出版发行：中国商务出版社有限公司
地　　址：北京市东城区安定门外大街东后巷 28 号　　邮编：100710
网　　址：http://www.cctpress.com
联系电话：010-64515150（发行部）　　010-64212247（总编室）
　　　　　010-64283818（事业部）　　010-64248236（印制部）
责任编辑：刘姝辰
印　　刷：北京四海锦诚印刷技术有限公司
开　　本：710 毫米×1000 毫米　1/16
印　　张：14　　　　　　　　　　字　　数：263 千字
版　　次：2024 年 4 月第 1 版　　印　　次：2024 年 4 月第 1 次印刷
书　　号：ISBN 978-7-5103-5143-3
定　　价：58.00 元

前　言

　　人力资源是现代企业管理中重要的一环，通过对人才结构的调整、优化，可以明显提高企业的经济效益。从当前来看，我国的人力资源管理水平有了一定的提升，尤其是在项目与人才的科学配置、人才的综合利用、人才的个人发展、企业文化建设等方面取得了较好的发展，形成了中国特有的企业文化，促进了人才个人价值感和归属感的提升。

　　教育培训作为人力资源管理的重要环节，是现代企业管理的重要手段，其主要通过有针对性地对职工进行知识和技能培训，更好地打造一支高水平的复合型专业人才队伍，有助于企业在新形势、新挑战下依然保持快速且高质量的发展，确保国有企业在市场竞争中保持优势。从国有企业战略发展的高度来看，高效的人力资源管理与其战略目标之间存在密不可分的关系。同时，教育培训是人力资源管理体系的重要组成部分，理应引起国有企业管理者的重视。

　　本书是人力资源管理方面的书籍，主要研究了人力的资源管理与教育培训工作实务，从人力资源管理的产生、发展和在组织中的实现入手，针对人力资源的规划与职位、员工的招聘和选拔做了简要分析；接着介绍了绩效的管理、计划、实施、考核、反馈与改进，以及劳动关系的管理；着重探讨了培训开发管理体系建设与培训需求；最后对培训的组织与实施提出了一些建议。本书结构严谨、内容翔实，对人力资源管理与教育培训工作实务的研究有一定的借鉴意义。

　　在本书内容写作过程中，作者参考了一些书籍与研究论文中的理论和观点，并将其融合进作者观点。限于作者知识水平和资料使用的局限性，书中难免有不妥及错漏之处，恳请读者批评指正。

目　录

▌第一章　人力资源管理理论 ······························· 1

　　第一节　人力资源管理的产生与发展 ··············· 1

　　第二节　人力资源管理在组织中的实现 ··············· 13

▌第二章　人力资源规划与职位分析 ····················· 24

　　第一节　人力资源规划 ······························· 24

　　第二节　职位分析含义与方法 ······················· 40

　　第三节　职位说明书的编写 ························· 50

▌第三章　员工招聘和选拔 ····························· 56

　　第一节　员工招聘意义 ····························· 56

　　第二节　员工招聘渠道 ····························· 65

　　第三节　人员甄选 ································· 75

▌第四章　绩效与职业生涯管理 ························· 86

　　第一节　绩效管理与计划 ··························· 86

　　第二节　绩效实施与考核 ··························· 94

　　第三节　绩效反馈与改进 ··························· 102

　　第四节　职业生涯管理 ····························· 106

▌第五章　劳动关系管理 ····························· 123

　　第一节　劳动关系与劳动合同管理 ················· 123

第二节　单位内部劳动规划与标准 ┈┈┈┈┈┈┈┈┈ 130

第三节　职业安全卫士和劳动保护管理 ┈┈┈┈┈┈ 142

▎第六章　培训开发管理体系建设与培训需求 ┈┈┈┈ 148

第一节　培训开发管理体系建设 ┈┈┈┈┈┈┈┈┈┈ 148

第二节　培训需求分析 ┈┈┈┈┈┈┈┈┈┈┈┈┈┈ 160

▎第七章　培训的组织与实施 ┈┈┈┈┈┈┈┈┈┈┈┈ 175

第一节　培训实施工作与课程设计 ┈┈┈┈┈┈┈┈┈ 175

第二节　培训方法及选择 ┈┈┈┈┈┈┈┈┈┈┈┈┈ 185

第三节　培训师的选择与培训机构的选择 ┈┈┈┈┈┈ 198

▎参考文献 ┈┈┈┈┈┈┈┈┈┈┈┈┈┈┈┈┈┈┈┈┈ 213

第一章　人力资源管理理论

第一节　人力资源管理的产生与发展

一、人力资源的概念与特征

（一）人力资源的概述

人力资源是资源的一种，是以人为载体的资源，是存在于人体中以体能、知识、技能、能力、个性行为特征倾向等为具体表现的经济资源。目前对于人力资源概念的理解中有两种倾向：一是倾向于能力或素质，人力资源是存在于人体中的生产能力或身心素质；另一种理解倾向于人口，对于国家、社会或企业，人力资源是推动其发展的具有体力和智力劳动能力的人口的总称。这两种理解有其共同的一面，即都强调了人力资源与人体的不可分割，还有人力资源的价值在于能力或素质。

人力资源是指能够推动社会和经济发展的，能为社会创造物质财富和精神财富的体力劳动者和脑力劳动者的能力，即处在劳动年龄的已直接投入建设和尚未投入建设的人口的能力总和。

人力资源是活的资源，这里定义的人力资源排除了不能推动社会发展、不能为社会创造财富的那一部分人。人力资源的丰富与否不能等同于人口资源和劳动力资源的丰富与否。

人力资源有量和质两个方面的内容。人力资源的数量可从微观和宏观两个角度来定义。微观的数量是指企业现在员工（包括雇用的适龄员工和年老员工，但不包括即将离开的员工）以及潜在员工（欲从企业外部招聘的员工）两部分。宏观的数量是指一个国家或地区现实的人力资源数量和潜在的人力资源数量，前者包括适龄就业人口、未成年就业人口、老年就业人口，后者包括失业人口、暂时不能参加社会劳动的人口和其他人口。

人力资源的质量是指人力资源所具有的体力、智力、知识和技能水平以及劳动者的劳动态度。它受先天遗传、营养、环境教育和训练等因素的影响，通常可以用健康卫生指标、教育和训练状况、劳动者的技能等级指标和劳动态度指标来衡量。人力资源的质量是由劳动者的素质决定的，劳动者的素质包括体能素质和智能素质。

（二）相关概念

与人力资源相关的概念有人口资源、劳动力资源、人才资源、天才资源、人力资本等，这些词汇经常出现在人力资源管理实践与理论研究中，正确理解并区分这些概念有助于规范人力资源的管理。

1. 人口资源

一个国家或地区具有的人口数量的总称。人口资源主要表明数量，它是一个最基本的底数，犹如一个高大建筑的底层，一切人才皆产生于这个最基本的资源中。

2. 劳动力资源

一个国家或地区具有的劳动力人口的总称。劳动力资源包含于人口资源中，是人口资源中拥有劳动能力的那一部分人，通常是 18 岁至 60 岁的人口群体，这一人口群体必须具备从事体力劳动或脑力劳动的能力，它偏重的是数量概念。

3. 人才资源

"人才"这一概念并不是一个在理论上十分规范的范畴，目前有很多不同的解释。通俗地说，有一技之长的人都可以叫作人才，其核心含义是：一个国家或地区具有较强战略能力、管理能力、研究能力、创造能力和专门技术能力的人们的总称，他们应能组织、影响、帮助他人共同创造物质财富和精神财富，应能在其所组织的团队和所研究的工作中产生辐射效应。人才具有七个方面的特征：①在企业中属于少数，一般可用"二八定律"划定；②具有高度创造能力和工作能力；③善于运用能力、高标准地完成组织分配的工作任务；④是组织和人力资源管理者所期望、寻求的人；⑤可以激励他人工作热情、创造力的人，可以为公司带来大量稳定、长期业务的人；⑥有突出贡献（为企业创造更多的财富与价值）、组织和管理者不愿意失去的人；⑦对组织目标实现负有最重要责任的人。

从人才资源的概念与特征看，人才资源是人力资源的一部分，是最重要、最核心的一部分，两者是包含与被包含的关系。它必须是人力资源中较杰出、较优秀的那一部分，能影响和帮助其他人群共同创造财富，表明的是一个国家或地区所拥有的人才质量，应能较客观地反映一个民族的素质和这一民族所可能拥有的前途。这一部分人是各民族最重视的一部分人，也是世界各国所瞩目的。

4. 天才资源

天才资源指在某一个领域具有异于他人的特殊的开拓能力、发明创造能力或能攀登某一领域高峰的特殊的人群。天才资源通常不指某一些通才，而是指在某一领域具有特殊才华的人，他们在自己的这一领域具有十分独特的创造发明力，通常能在这一领域起领先作用，并具有攀登顶峰的能力。如果他们有崇高的目标指引，会为人类做划时代的贡献。天才资源不可多得，但必须具备健康的心理和崇高的目标，否则，也可能产生对人类生存和发展不利的影响，甚至给人类生存带来毁灭性的打击。

5. 人力资本

人力资本这一提法更多地出现在经济学的研究领域中，而人力资源则更多地出现在管理学的研究领域之中。对于这一概念可以从三个方面来理解：首先，人力资本是附着在人这种载体上的各种综合因素的集合，而不是载体本身，它是靠后天的投入获得的，可以带来经济价值；其次，人力资本与物质资本具有共性，表现为人力资本的形成和维持需要花费成本，投入生产领域可以带来财富的增长，并且也具有稀缺性；最后，人力资本又具有自己的特点，如人力资本与其载体的不可分离性、人力资本在使用过程中的增值性、人力资本的异质性等。

（三）人力资源的特征

人力资源作为经济资源的一种，具有与一般经济资源共同的特征，主要有以下三个：第一，物质性，一定的人力资源必然表现为一定数量的人口；第二，可用性，通过人力资源的使用可带来价值的增值；第三，有限性，人力资源在一定的条件下形成，其载体具有生物的有限性。但人力资源作为一种特殊的经济资源，有着不同于其他经济资源的特征。

1. 附着性

从人力资源的概念知道，人力资源是凝结于人体之中的质量因素的总和，必须依附于一定数量的人口之上，虽然人力资源不等同于人口本身，但却不可脱离人这一载体。这就决定了人力资源所有权天然私有的特性，使得人力资源管理成为一门独特的管理学科，人力资源的开发与使用必须通过对人的激励与控制才能实现。

2. 能动性

人力资源的能动性是指人在生产过程中居于主导地位，在生产关系中人是最活跃的因素，具有主观能动性，同时具有不断被开发的潜力。人力资源的能动性包括以下五个方面：①人具有意识，知道活动的目的，因此人可以有效地对自身活动做出选择，调整自身与外界环境的关系；②人在生产活动中处于主体地位，是支配其他资源的主导因素；③人力资源具有自我开发性，在生产过程中，人一方面损耗自身，而更重要的一方面是通过合理的行为得到补偿、更新和发展，非人力资源不具有这种特性；④人力资源在活动过程中是可以被激励的，即通过激发人的工作能力和工作动机提高工作效率；⑤选择职业，人作为人力资源的载体可以自主择业，选择职业是人力资源主动与物质资源结合的过程。

3. 双重性

人力资源既具有生产性，又有消费性。人力资源的生产性是指人力资源是物质财富的创造者，而且人力资源的利用需要一定的条件，必须与自然资源相结合，有相应的活动条件和足够的空间、时间，才能加以利用。人力资源的消费性是指人力资源的保持与维持需要消耗一定的物质财富。生产性和消费性是相辅相成的，生产性能够创造物质财富，为人类或组织的生存和发展提供条件；消费性则能够维持人力资源和保障人力资源的发展。同时消费性也是人力资源本身生产和再生产的条件。消费性能够维持人的生计、满足需要、提供教育与培训。相比而言，生产性必须大于消费性，这样组织和社会才能获益。

4. 时效性

人力资源的时效性来自内、外两个方面。内因是指人力资源的载体人的生命所具有的周期性，只有当人处于成年时期并投入社会生产活动中，才能对其开发利用，发挥人力资源的作用，当人未成年或年老，或因其他原因退出劳动领域时，就不能称为人力资源了。外因是指人力资源所表现出来的知识、技能等要素相对于环境和时间来讲是有时效性的，如果不及时更新就难以满足外部条件变化的要求；另外，人力资源如果长期不用，就会荒废和退化。人的知识技能如果得不到使用和发挥，就可能会过时，或者导致人的积极性消退，造成心理压力。

5. 社会性

人力资源不同于其他经济资源的一个显著特征就是其社会性，具体表现在未来收益目标的多样性和外部效应的社会性两方面。对于其他资源来讲，其具有纯粹的自然属性并不需要精神激励的手段，而人是社会的人，人力资源效能的发挥受其载体的个人偏好影响，除了追求经济利益之外，还要追求包括社会地位、声誉、精神享受以及自我价值实现等多重目标，在追求这些目标的过程中，其效能的发挥不仅会带来生产力的提高和社会经济的发展，而且会产生许多社会性的外部效应，如人的素质的提高会提高社会文明程度、保护并改善自然环境等。

二、人力资源管理的概念与特征

（一）人力资源管理的概述

管理是在特定的环境下，对组织所拥有的各种资源进行计划、组织、领导和控制，保证以有效的方式实现组织既定目标的过程。人力资源管理是组织各项管理中的一种，因此也服从于这个概念，所以简单地说，人力资源管理就是组织在特定的环境中对组织的人力资源进行计划、组织、领导和控制，以有效的方式保证从人力资源的角度实现组织既定目标的过程。更具体地来表达，人力资源管理是现代人事管理，是对人力资源的取得、开发、保持和利用等方面所进行的计划、组织、指挥和控制的活动。它是研究组织中人与人关系的调整、人与事的配合，以充分开发人力资源，挖掘人的潜力，调动人的积极性，提高工作效率，实现组织目标的理论、方法、工具和技术。

（二）人力资源管理的特征

1. 现代人力资源管理与传统人事管理

人力资源管理是从传统的人事管理中演变进化而来的，因而两者有一定的联系，主要表现在三个方面：①人力资源管理继承了传统人事管理中的部分内容，构成现代人力资源管理的战术性部分，例如人员的甄选与调配、人事信息的记录、薪酬管理等；②在组织中，人力资源管理部门与传统人事管理部门都是负责与人事信息相关的管理工作的职能部门；③传统人事管理中基于生产企业的生产现场管理是现代人力资源管理理论产生的基础。在我国现阶段，不应完全照搬跨国企业的先进人力资源管理模式，而应结合国情注意运用传统人事管理中较为基础的成果。

现代人力资源管理与传统人事管理有以下的区别：

（1）现代人力资源管理与传统人事管理产生的时代背景不同

传统人事管理是随着社会工业化的出现与发展应运而生的。在 20 世纪初，人事管理部门开始出现，并经历了由简单到复杂的发展过程。在社会工业化发展的初期，有关对人的管理实质上与对物质资源的管理并无差别。在相当长一个时期里，虽然社会经济不断发展、科学技术不断进步，人事管理的基本功能和作用并没有太大的变化，只是在分工上比原来更为精细，组织、实施更为严密而已。而人力资源管理是在社会工业化迅猛发展、科学技术高度发展、人文精神日益高涨、竞争与合作加强，特别是社会经济有了质的飞跃的历史条件下产生和发展起来的。人力资源管理是在 20 世纪 70 年代以后开始出现的。由传统人事管理转变为现代人力资源管理，这一变化在对人与物质资源认识方面的表现是：人不再是物质资源的附属物，或者说，人被认为是不同于物质的一种特殊资源，在人力资本理论中有些学者主张人力资本所有者要凭借其产权获得企业的剩余利润的分享，也正是基于人力资源的特殊性而言的，这是因为人力资源具有主观能动性。总之，社会、经济、科学技术发展的不同状况决定了传统人事管理和现代人力资源管理的重要区别。

（2）现代人力资源管理与传统人事管理对人的认识是不同的

人事管理将人的劳动看作一种在组织生产过程中的消耗或成本。也就是说，生产的成本包括物质成本，还包括人的成本。这种认识看似很合理，但是这种认识是把人简单等同于物质资源，即在观念上认为人与物质资源没有区别。因此，传统人事管理主要关注如何降低人力成本、正确地选拔人、提高人员的使用效率和生产率、避免人力成本的增加。现代人力资源管理把人看作"人力资本"，这种资本通过有效的管理和开发可以创造更高的价值，能够为组织带来长期的利益，即人力资本是能够增值的资本。这种认识与传统人事管理对人的认识的根本区别在于：传统人事管理将人视为被动地适应生产的一种因素，现代人力资源管理则将人视为主动地改造物质世界，推动生产发展，创造物质财富、精神财富和价值的活性资本，它是可以增值的。

（3）现代人力资源管理与传统人事管理的基本职能有所不同

传统人事管理的职能基本上是具体的事务性工作，如招聘、选拔、考核、人员流动、薪酬、福利待遇、人事档案等方面的管理，人事规章制度的贯彻执行等。总体来说，传统人事管理职能是具体的、技术性的事务管理职能。现代人力资源管理的职能则有相当的不同，它是一项比较复杂的社会系统工程。现代人力资源管理既有战略性的管理职能，如规划、控制、预测、长期开发、绩效管理、培训策略等，又有技术性的管理职能，如选拔、考核评价、薪酬管理、人员流动管理等。总的来说，现代人力资源管理的职能具有较强的系统性、战略性和时间的远程性，其管理的视野比传统人事管理要广阔得多。

（4）现代人力资源管理与传统人事管理在组织中的地位有本质的区别

传统人事管理由于其内容的事务性和战术性所限，在组织中很难涉及全局性的、战略性的问题，因而经常会被视作不需要特定的专业技术特长、纯粹的服务性的工作，前七喜公司的总裁就曾说过，人事经理常被人看作笑容可掬的、脾气和善的人，其工作是为大家组织一些活动和谋一些福利。而现代人力资源管理更具有战略性、系统性和未来性，它从行政的事务性的员工控制工作转变为以组织战略为导向、围绕人力资源展开的一系列包括规划、开发、激励和考评等流程化的管理过程，目的是提高组织的竞争力。现代人力资源管理从单纯的业务管理、技术性管理活动的框架中脱离出来，根据组织的战略目标而相应地制订人力资源的规划与战略，成为组织战略与策略管理中具有决定意义的内容。这种转变的主要特征是，人力资源部门的主管出现在组织的高层领导中，并有人出任组织的最高领导。

2. 现代人力资源管理的特征

正是由于现代人力资源管理不同于传统的人事管理，才使得现代人力资源管理在组织中发挥着越来越大的作用，其特征可以归结如下：

（1）人本特征

人力资源管理采取人本取向，始终贯彻员工是组织的宝贵财富的主题，强调对人的关心、爱护，把人真正作为资源加以保护、利用和开发。

（2）专业性与实践性

人力资源管理是组织最重要的管理职能之一，具有较强的专业性，从小公司的多面手到大公司的人力资源专家及高层人力资源领导，都有着很细的专业分工和深入的专业知识。人力资源管理是组织管理的基本实践活动，是旨在实现组织目标的主要活动，表现其高度的应用性。

（3）双赢性与互惠性

人力资源管理采取互惠取向，强调管理应该是获取组织绩效和员工满意感与成长的双重结果；强调组织和员工之间的"共同利益"，并重视发掘员工更大的主动性和责任感。

（4）战略性与全面性

人力资源管理聚焦于组织管理中为组织创造财富、创造竞争优势的人员的管理，即以员工为基础，以知识型员工为中心和导向，是在组织最高层进行的一种决策性、战略性管理。人力资源管理是对于全部人员的全面活动包括招聘、任用、培训、发展的全过程的管理。只要有人参与的活动，就要进行人力资源管理。

（5）理论基础的学科交叉性

人力资源管理采取科学取向，重视跨学科的理论基础和指导，包括管理学、心理学、经济学、法学、社会学等多个学科，因此现代人力资源管理对其专业人员的专业素质提出了更高的要求。

（6）系统性和整体性

人力资源管理采取系统取向，强调整体地对待人和组织，兼顾组织的技术系统和社会心理系统；强调运作的整体性，一方面是人力资源管理各项职能之间具有一致性，另一方面是与组织中其他战略相配合，支持整个组织的战略和管理。

三、人力资源管理的重要性

随着所谓"知识经济"时代的到来，人力资源管理因其与人的因素存在内在的密切联系而重要性日益突出。应该看到，企业管理已经从强调对物的管理转向强调对人的管理，这是竞争加剧的结果。一方面，这是管理领域的扩大；另一方面，这也是管理环节的提前，因为物是劳动的产物。人力资源管理的重要性可以体现在以下三个方面。

（一）人力资源管理对组织中所有的管理人员都是重要的

这是因为人力资源管理能够帮助组织中的管理人员达到以下目的：用人得当，即事得其人；降低员工的流动率；使员工努力工作；进行有效率的面试以节省时间；使员工认为自己的薪酬公平合理；对员工进行充足的训练，以提高各个部门的效能；使组织不会因为就业机会等方面的歧视行为受到控告；保障工作环境的安全，遵守国家的法律；使组织内部的员工都得到平等的待遇，避免员工的抱怨；等等。这些都是组织中各个部门所有经理人员普遍的愿望。其实无论是正在学习财务管理、市场营销管理或者生产管理的同学，还是学习人力资源管理的同学，将来有很多人会在自己的专业领域内承担管理责任，届时他们需要制定关于员工招聘、薪酬政策、绩效考核、员工晋升和人员调配等人力资源管理方面的决策，这一点也适用于那些非经济管理类的同学。即使是那些将来不承担管理责任的员工，纯粹作为组织中人力资源管理活动的调整对象，也需要学习人力资源管理方面的知识，因为只有这样，他们才有能力对组织的人力资源管理政策做出自己的评价，并在此基础上提出有利于自己事业发展和待遇提高的建议。

（二）组织的经理人员要通过别人来实现自己的工作目标

组织的经理人员要通过别人来实现自己的工作目标，这就使人力资源管理同其他类别的管理相比显得更为重要。许多企业在规划、组织和控制等方面做得都很好，但是因为用人失当或者无法激励员工，最终没有获得理想的成绩。相反，虽然有些企业的经理人员在规划、组织和控制等方面做得一般，但是，就是因为他们用人得当，并且经常激励、评估和培养这些人才，最终使企业获得成功。

（三）人是组织生存发展并始终保持竞争力的特殊资源

人力资源的特点表明，人力资源是组织拥有的特殊资源，也是组织获取和保持竞争力的重要资源。随着组织对人力资源的利用和开发，组织管理层的决策越来越多地受到人力资源管理的约束，人力资源管理正在逐渐被纳入组织的战略规划之中，成为组织竞争力至关重要的因素。心理学第一定律认为，每个人都是不同的，每个人总是在生理或心理上存在着与其他人不同的地方，这是人力资源区别于其他形式经济资源的重要特点。在企业等各种组织中，只有清楚地识别每个员工与众不同之处，并在此基础上合理地任用，才可能使每位员工充分发挥潜能，组织也才可能因此而获得最大的效益。

四、人力资源管理的发展趋势

（一）人力资源管理战略支撑地位凸显

在人力资源管理理论不断发展以及在科技应用支撑下，人力资源管理从最初的事务性工作中解脱出来，开始向职能服务型发展，人力资源管理工作主要为在规划、招聘、培训、绩效考核、薪酬管理、员工关系等方面，进行科学的分工和设定标准的流程。在新形势下，人力资源队伍成为企业最重要的核心竞争力，对于人力资源管理的要求更高，需要为企业打造人力资源蓄水池，建设一支具有独特竞争力的人力资源队伍，保证企业的人力资源队伍能够支撑企业发展，同时要为企业战略制定、发展和管理提供人力资源分析、支撑。

企业人力资源管理向战略支撑发展，需要做到以下三个方面的工作：一是企业需要加强对人力资源管理的重视，提升对人力资源的重视程度，将人力资源管理提升到战略高度，加大对人力资源管理队伍和政策的支持力度；二是加大对人力资源管理的数据分析、科技应用等的投入，通过系统、技术的投入形成有效的数据分析结果，为企业的战略决策提供支撑；三是提升人力资源管理人员队伍的认识，人力资源管理人员必须具有战略意识，不仅要提供职能服务，还要具有长远发展的目光，形成战略支撑意识。

（二）人力资源管理数字化转型

应用在企业管理当中的信息技术驱动企业各项管理不断发展，新一代信息与通信技术以大数据、云计算、人工智能、物联网和 5G 为主要代表正在驱动企业管理转型发展，企业中的各项管理活动都正在向数字化发展，通过管理经营活动数据分析为企业领导层决策提供支持。随着信息技术的不断创新发展，人力资源管理经历了纯事务性以人员劳动为主的人力资源管理到以人力资源管理系统应用为主的 E-HR（人力资源管理信息化阶段），新的大数据分析技术不断成熟促使人力资源管理向数字化转型。人力资源管理向数字化转型既是企业适应科技发展与客观环境变化的必然选择，也是企业运营管理向数字化转型的坚实基础，人力资源数字化转型是将企业人力资源队伍、人力资源管理过程进行数据化分析，通过数据分析为企业内部的战略决策、经营方式、人才培养等提供全方位、立体化决策依据，有助于企业在市场竞争中取得竞争优势。

为顺应人力资源数字化转型发展趋势，企业应做好以下四个方面的准备工作：一是梳理和规范企业人力资源管理流程与数据，将人力资源管理过程规范化，人力资源过程形成的结果可以数据化，保证人力资源数据的真实有效性，通过人力资源数据分析能够得到准确的结果；二是引进和培养专业的人力资源人才和数据分析人才，形成专业化的人才队伍，支撑企业人力资源管理数字化转型发展；三是打造信息共享的数据管理平台，企业使用统一的管理平台，能够掌握企业人力资源相关的所有数据；四是建立安全保障机制，建立安全有效的防火墙，避免企业人力资源数据泄露。

（三）人力资源管理专业化、分工精细化

在新形势下，为支撑企业发展，企业中的各项管理活动分工更加明确与精细化，人力资源管理活动也更加专业化与精细化，如华为和腾讯集团将自身人力资源队伍划分为三类，分别是 HRSSC（人力资源共享服务中心）、HRBP（人力资源业务伙伴）与 HRCOE（人力资源专家）。人力资源共享服务中心提供人力资源事务性服务，所需要的人才具备基础的人力资源专业知识即可。人力资源业务

伙伴，是在业务中提供人力资源管理支撑，需要既懂业务又懂人力资源专业知识的人才。人力资源专家，主要是解决企业人力资源管理难题，制定企业人力资源相关决策，为领导层制订计划提供专业的人力资源建议，需要具备深厚的人力资源专业知识和能力。通过将人力资源管理活动划分得更为精细，能够有效地支撑企业的发展，同时提升人力资源管理的效率。

为实现人力资源管理的精细化，企业应做好以下的基础工作：一是细分人力资源工作，将人力资源管理活动分为事务性工作、业务支撑性工作、战略支撑性工作；二是引入信息管理技术，将事务性工作集中通过信息管理系统来办理，将人力资源管理人员从烦琐、重复的工作中解脱出来，做更加专业化的工作；三是加强人力资源队伍培训工作，提升人力资源队伍的实践与理论水平，打造人力资源专家，做好企业决策支撑。

（四）人力资源管理向规范化发展

在新形势下，外部环境不断变化，企业必须应对环境带来的挑战和机遇，需要以规范化的流程和管理面对不确定的挑战，将不确定因素转化为企业可控可处理的因素，将不按规则的成功转化为可复制的规范化的操作。企业将管理和流程规范化能够更好地应对各种环境的变化，人力资源作为企业管理的重要环节，人力资源管理的制度、职能、流程、操作规范化将成为新形势人力资源管理的趋势。同时，法律的健全，对劳动者劳动保护、权利保护、劳动者就业等相关法律法规的制定出台，也要求企业人力资源管理的过程及内容更加规范化。规范化的人力资源管理模式实质上是通过流程来组织企业的人力资源，既要有清晰的职责，又要有组织灵活性。

人力资源管理要做到规范化需要从以下三个方面着手：一是企业要梳理与改进管理流程，全面梳理企业的人力资源管理流程，并改进不规范的步骤及流程，形成规范化的人力资源管理流程；二是改进人力资源管理模式，建立规范的制度，形成规范化的管理；三是加强人力资源管理人员规范意识，既聚焦于连续的流程发展和高效率的资源利用，又关注内部员工的需求与发展。

第二节 人力资源管理在组织中的实现

人力资源管理是现代组织管理的重要组成部分，其各项功能的实现也必须依托于一定形式的组织，而且其日常工作更多地体现在组织中人力资源管理部门或人力资源管理人员的工作中。

一、人力资源管理的目标与功能

人力资源管理的目标是其各项功能的导向，而其功能又是对人力资源管理目标的具体分解，但这一目标从根本上要服从于组织的总体目标和战略。

（一）人力资源管理的目标

关于人力资源管理的目标有多种说法，例如美国学者认为人力资源管理的目标有四个：第一，建立员工招聘和选择系统，以便于雇用到最符合组织需要的员工；第二，最大化每个员工的潜质，既服务于组织的目标，也确保员工的事业发展和个人尊严；第三，保留那些通过自己的工作绩效帮助组织实现组织目标的员工，同时排除那些无法对组织提供帮助的员工；第四，确保组织遵守政府关于人力资源管理方面的法令和政策。从人力资源管理对组织效益的贡献的论述出发，人力资源管理的目标有九个：①帮助组织实现目标；②有效地利用劳动者的技能；③提供训练有素和良好动机的员工；④提高员工的满意度和自我实现；⑤提升职业生涯的质量；⑥与所有的员工交流人力资源管理的政策；⑦坚持符合伦理规范和社会责任的行为；⑧管理变革，即在不损害组织生存的前提下有效地发现和使用新的、灵活的方法；⑨提高应急管理能力和加快循环时间。

两种说法有着共同之处，都强调人力资源管理要帮助实现组织的目标，而手段在于对员工的管理，后者还提高了组织的社会责任感，这也是组织内部管理的外部效应。总的来说，人力资源管理是帮助组织向社会提供它所需要的产品与服务，并使组织在市场竞争中得以生存和发展，把组织所需要的人力资源吸引到组织中来，将他们保留在组织之内，调动他们的积极性、开发他们的潜能，为本组织服务。

（二）人力资源管理的功能

关于人力资源管理的功能，国内学者的认识是比较统一的，大都围绕对人力资源的吸引、使用和开发提出，目前有两种代表性说法。一种是张一弛提出的"五职责说"。①吸引。这是指确认组织中的工作要求，决定这些工作需要的人数与技术，对有资格的工作申请人提供均等的机会。吸引环节涉及如何进行工作分析，即确定各个工作岗位任务的特点，从而确定企业中各个工作岗位的性质和要求；如何对企业的人力需求进行预测，为开展招聘工作准备依据。②录用。录用是根据工作需要确定最合适人选的过程，确保企业能够从工作申请人中间选拔出符合企业需要的员工。③保持。保持员工工作的积极性，保持安全健康的工作环境。这包括决定如何管理员工的工资和薪金，做到按照员工的贡献等因素进行收入分配，做到奖惩分明，同时通过奖赏、福利等措施激励员工。④发展。这是指提高雇员的知识水平和技能水平等，保持和增强员工的工作能力。其中包括对新到本企业的员工进行工作引导和业务培训，训练和培养各级经理人员，以及为了使员工保持理想的技能水平而进行的一系列活动。⑤评价。这是指对工作结果、工作表现和对人事政策的服从情况做出观察和鉴定。其中包括决定如何评价员工的工作业绩，如何通过面谈、辅导和训话等方式与员工进行面对面的交流。

另一种更加被广泛接受的说法是余凯成提出的"五功能说"。①获取。包括招聘、考试、选拔与委派。②整合。这指的是使被招收的职工了解企业的宗旨与价值观，接受和遵从其指导，使之内在化为他们自己的价值观，从而建立和加强他们对组织的认同感与责任感。③保持和激励。提供职工所需的奖酬，增加其满意感，使其安心和积极工作。④控制与调整。评估他们的素质，考核其绩效，做出相应的奖惩、升迁、离退、解雇等决策。⑤开发。对职工实施培训，并提供给他们发展机会，指导他们明确自己的长处、短处及今后的发展方向和道路。这五项功能是相辅相成、彼此配合的。激励可使员工对工作满意、留恋和安心，从而促进了整合；开发使员工看到自己在组织中的前程，从而更积极和安心。但这五项功能都是以工作分析为基础与核心的，工作分析能确定本组织每一岗位所应有的权责和资格要求，从而使人力资源的获取明确了要求，为激励规定了目标，给绩效考核提供了标准，为培训开发提供了依据。

二、人力资源管理的任务与作业活动

（一）人力资源管理的任务

人力资源管理的基本任务在于为组织发展提供人力资源上的保证，概括为以下六个方面：

①通过计划、组织、调配、招聘等方式，保证一定数量和质量的劳动力和专业人才，满足企业发展的需要。

②通过各种方式和途径，有计划地加强对现有员工的培训，不断提高他们的劳动技能和业务水平。

③结合每个员工的职业生涯发展目标，对员工进行选拔、使用、考核和奖惩，尽量发挥每个人的作用。

④协调劳动关系。运用各种手段，对管理者与被管理者、员工与雇主、员工与员工之间的关系进行协调，避免不必要的冲突和矛盾。同时，要考虑到员工的利益，保障员工的个人权益不受侵犯，保证劳动法的合理实施。

⑤对员工的劳动给予报酬。通过工作分析和制定岗位说明书，明确每个岗位的功能和职责，对承担这些职责的人的工作及时给予评价和报酬。

⑥管理人员的成长。管理人员的培训和开发是现代人力资源管理的重要内容之一，要保证任何部门、任何位置的负责人随时都有能胜任的人来接任。

（二）人力资源管理的主要活动

人力资源管理的主要活动又称为人力资源管理的各项职能，是指组织中人力资源职能管理人员所从事的具体工作环节。不同规模的组织所涉及的活动略有区别，尤其是在人力资源管理部门岗位设置和人员分工上有很大的不同，但从最全面的角度来看，人力资源管理的主要活动有以下九个方面：

1. 人力资源规划

这一过程是从最初的所谓人力规划基础上发展起来的。人力资源规划的宗旨是，使组织对员工数量和质量的需求与人力资源的有效供给相协调。需求源于公司运作的现状与预测，供给方面则涉及内部与外部的有效人力资源量。内部供给是近年来组织合理化目标的体现，涉及现有劳动力及其待发挥潜力；外部供给取决于组织外的人员数，受人口趋势、教育发展以及劳动力市场竞争力等多种因素影响。规划活动将概括出有关组织的人力需求，并为下列活动，如人员选拔、培训与奖励，提供所需信息。

2. 人员招聘

招聘之前，要做工作分析。在此过程中，要对某一岗位的员工职责做仔细分析，并做出岗位描述，然后确定应聘该岗位的候选人应具备的能力。应根据对应聘人员的吸引程度选择最合适的招聘方式，如报纸广告、职业介绍所、人才交流会等。

3. 人员选拔

有多种方法，如求职申请表、面试、测试和评价中心等，可用于从应聘人员中选择最佳候选人。通常是第一步筛选后保留条件较合适者，应聘者较少时这一步骤就不必要了。做选择决定时需要一些辅助手段，即理想候选人标准。

4. 绩效评估

这是一种根据设定目标评价员工业绩的方法，但并未被广泛接受。人事人员往往只参与制定程序，而过程的管理则通常留待部门经理去完成。一般是在有关人员填写一系列表格，使有关部门对其最近一次面试以来（通常为一年）的业绩有一个较好的了解后，安排面试。业绩可以用事先设定的指标量化，其结果可用于对员工进行培训，或在某些情况下，还可作为表彰奖励的依据。

5. 培训

这一过程关系到建立何种培训体系、哪些员工可以参加培训等问题。培训种类多样，从在职培训到由组织外机构提供的脱产学习和培训课程，当组织对核心员工在公司内的发展有所规划时，培训与发展的关系就显而易见了，这种情况下管理人员总是努力使公司需要与个人事业发展相协调。

6. 报酬与奖惩

这项工作的范围很广，包括工资级别和水平的确定、福利与其他待遇的制定、奖励和惩罚的标准与实施，以及工资（如岗位工资、计件工资或绩效工资等）和各种补贴的测算方法。

7. 劳动关系

涉及这一部分的环节包括与员工签订劳动协议或雇佣合同，处理员工与公司或员工之间可能出现的纠纷，制定员工的权利和义务，按照劳动法处理各类员工问题，制定员工投诉制度。人事主管还要针对与雇佣立法有关的事项提出意见，并应熟知与法律条款适用性有关的实际问题。

8. 员工沟通与参与

通过召开会议等形式将有关信息传达给员工，安排一定的方式使员工能对公司决策有所贡献（如提出建议方案）。在特定环境中，协商也可归入此类活动。目前，越来越多的公司采用团队式的管理方式，像质量小组，这样员工就有机会参与到与其工作相关的决策活动中。

9. 人事档案记录

员工的人事记录通常由人事部门集中管理，这些记录中包括最初的应聘材料，和后续工作中添加的反映员工资历、成绩和潜力的资料。员工档案是人事决策的一项重要依据。随着计算机的普及，许多公司采用了人力资源管理信息系统，用计算机来管理人事档案资料。

这里需要指出的是，一个组织的人力资源管理活动是由人力资源管理专业人员（包括人事经理或主管）和各业务主管（部门经理）同时完成的。实际情况下，特别是对大机构而言，人事活动经常包含以上所列的多种形式。例如，生产部门经理需要招聘一位工人，他首先要确定需要什么样的人，提出具体要求，然后各班组长或工段长协商，看是否可以从本部门解决，若能解决，则将人员变动报人力资源部门；如果不能解决，就需要与人力资源经理或负责人进行协商，看公司其他部门是否有合适人选，或者从公司外部招聘，这就需要综合考虑该职位的实际需要、内部人员补充情况、填补空缺所需成本等。若最终决定从外部招聘，人事主管将在以下方面为生产经理提供支持，如起草岗位职责说明、广告招聘信息，对面试过程提出建议。聘用合同一般应由人事主管签发。这个例子说明人事活动中高层经理的参与情况。有些机构中，特别是对较低职位人员的聘用，人事主管的直接介入较少，可能只涉及招聘广告和签发合同。

（三）人力资源管理活动的关系

人力资源管理的各项活动之间不是彼此割裂、孤立存在的，而是相互联系、相互影响，共同形成了一个有机的系统。

1. 以工作分析与评价为基础

在这个职能系统中，工作分析和工作评价是一个平台，其他各项职能的实施基本上都要以此为基础。人力资源规划中，预测组织所需的人力资源数量和质量时，基本的依据就是职位的工作职责、工作量和任职资格，而这些正是工作分析的结果职位说明书的主要内容；预测组织内部的人力资源供给时，要用到各职位可调动或晋升的信息，这也是职位说明书中的内容。进行计划招聘时，发布的招聘信息可以说就是一个简单的职位说明书，而录用甄选的标准则主要来自职位说明书中的任职资格要求。绩效管理和薪酬管理与工作分析和工作评价的关系更加直接。绩效管理中，员工的绩效考核指标可以说是完全根据职位的工作职责来确定的；而薪酬管理中，员工工资等级的确定，依据的信息主要就是职位说明书的内容。在培训开发过程中，培训需求的确定也要以职位说明书对业务知识、工作能力和工作态度的要求为依据，简单地说，将员工的现实情况和这些要求进行比较，两者的差距就是要培训的内容。

2. 以绩效管理为核心

绩效管理职能在整个系统中居于核心的地位，其他职能或多或少都要与它发生联系。预测组织内部的人力资源供给时，需要对现有员工的工作业绩、工作能力等做出评价，而这些都属于绩效考核的内容。计划招聘也与绩效考核有关，对来自不同渠道的员工的绩效进行比较，从中得出经验性的结论，从而实现招聘渠道的优化。录用甄选和绩效管理之间则存在着一种互动的关系主要表现在两方面：一方面，可以依据绩效考核的结果来提高甄选过程的有效性；另一方面，甄选结果也会影响到员工的绩效，有效的甄选结果将有助于员工实现良好的绩效。前面已经提到，将员工的现实情况与职位说明书的要求进行比较后就可以确定培训的内容，那么员工的现实情况又如何得到呢？这就要借助绩效考核了，因此培训开发和绩效管理之间存在着一定的关系，此外，培训开发对员工提高绩效也是有帮助的。目前，大部分企业在设计薪酬体系时，都将员工的工资分为固定工资和浮动工资两部分，固定工资主要依据工资等级来支付，浮动工资则与员工的绩效水平相联系，因此绩效考核的结果会对员工的工资产生重要的影响，这就在绩效管理和薪酬管理之间建立了一种直接的联系。通过员工关系管理，建立起一种融洽的氛围，这将有助于促进员工更加努力地工作，进而有助于员工实现绩效的提升。

3. 其他活动相互联系

人力资源管理的其他活动之间同样也存在着密切的关系，录用甄选要在招聘的基础上进行，没有人来应聘就无法进行甄选；而招聘计划的制订则要依据人力资源规划，招聘什么样的员工、招聘多少员工，这些都是人力资源规划的结果；培训开发也要受到甄选结果的影响，如果甄选的效果不好，员工无法满足职位的要求，那么对新员工培训的任务就要加重；反之，新员工的培训任务就比较轻松。员工关系管理的目标是提高员工的组织承诺度，而培训开发和薪酬管理则是实现这一目标的重要手段。培训开发和薪酬管理之间也有联系，员工薪酬的内容除了工资、福利等货币报酬外，还包括各种形式的非货币报酬，而培训就是其中的一种重要形式，因此，从广义上来讲，培训开发成了报酬的一个组成部分。

三、人力资源管理部门设置与职权

(一) 不同规模组织的人力资源部门设置

组织中从事人力资源管理这一职业的人可以分为三类：人力资源高级管理人员、多面手和专家。这些不同的人员是组织中人力资源管理部门的主要成员。

①人力资源高级管理人员是在人力资源管理方面处于较高层级的管理者，他们是直接向组织的最高管理层或主要部门主管进行报告的高层经理。

②多面手通常是人力资源管理方面的管理人员，他们负责多个相互联系的人力资源管理工作职能方面的工作。多面手的工作涉及组织人力资源管理的全部工作职能或者其中几个工作职能。目前，在组织中的一个变化趋势是，许多组织将人力资源管理的多面手分派到各个一线组织中去，从而使组织保持更小规模的人力资源部门。

③人力资源管理者可以是人力资源高级管理人员、一般管理者或者非管理人员，他们只专注于人力资源管理各项工作职能中的某一个方面。在当今的人力资源管理环境中，从事人力资源管理职业的人员正在向着更加多面化的方向发展。

1. 小型组织人力资源管理部门设置

小型组织的人力资源管理部门的设置特点有以下两个：

①一般不拥有正式的人力资源管理专家，有的甚至没有正式的人力资源管理部门，而是和其他部门（如行政部门、办公室）合并办公来处理人力资源管理事务；

②小型组织的人力资源管理部门的工作重心一般更多地放在招聘和培训员工，以及档案和薪酬管理等事务上。

小型组织人力资源管理部门的设置虽然较简单，但其职能的重要性却并不逊色。比如，如果一家小型企业在人员招聘和工作分派方面出现严重的错误，那么这些错误就很可能会导致整个企业的失败，而在大型组织，这类错误的危害就要相对小许多。此外，由于小型组织面对大、中型组织的强大竞争，往往需要花更大的精力获取必要的优秀的人力资源，以维系自己的生存和发展。

2. 中型组织人力资源管理部门设置

中型组织一般都会拥有专门的人力资源管理部门，其设置的特点有以下三个：

①会在某些人力资源管理的职能方面出现专业化的分工，比如，往往会有一个秘书来专门处理往来信件等事宜；

②人力资源部门中拥有为数不多的人力资源管理专家或多面手；

③人力资源部门经理是十分重要的。

3. 大型组织人力资源管理部门设置

大型组织的人力资源管理部门设置的特点有以下三个：

①分工进一步细化，例如，往往设置招聘、培训和开发、薪酬和福利、安全与健康等多个下属部门；

②拥有数量较多的人力资源管理专家或多面手，这些人员往往会负责人力资源部的一个或几个下属部门，并向人力资源部经理报告；

③人力资源部门的经理与企业最高层的联系更为密切，在许多大型组织中会出现专门负责人力资源管理的高层领导，比如，负责人力资源事务的副总经理。

当然，所谓的大型组织的规模也没有一定的标准，视情况不同，有的组织在人力资源部内部设置二级经理甚至三级经理，但有的组织只是在人力资源部门经理下设置主管和专员两个层级，而且二级部门或专业职能模块的划分也不尽相同。

4. 跨国公司人力资源管理部门设置

在一些特大型组织，如跨国公司，人力资源管理部门的设置更为复杂，不仅有专业职能上的分工，而且会有地域上的分工；在管理层级上也更为复杂，拥有各种高级人力资源管理人员、多面手及专家。

随着竞争全球化的加剧，在许多大型组织（尤其是跨国公司）中出现了共享服务中心，它是组织中一个相对独立的机构，将散布在整个组织中的、例行的、事务性的工作活动整合在一起，并为管理者和员工提供直接的支持。共享服务中心的主要优点是将组织的人力资源管理者从例行公事中解脱出来，从而可以承担更加战略化的任务。

另外，越来越多的组织将某些人力资源管理的非核心职能外包出去。所谓外包，是指组织将与某一领域的服务和目标有关的职责转交给组织外部的供应者去完成。外包的主要优点是缩短运营时间，更加有效地降低成本。外包的前提应当是不降低组织运作的效率。

采用人力资源管理共享服务中心或者外包等形式的组织，其人力资源管理部门的设置将会发生变化，即人力资源部的工作职能趋于集中，那些外包出去的职能将不在人力资源部的工作范围之内，尽管仍需要对这些职能进行监督。这样，组织中人力资源部的设置将更多地与组织的战略目标联系。

（二）人力资源管理部门与其他部门的分工

组织所有的管理人员都承担着一定的人力资源管理的职能，这是因为他们的工作都要涉及选拔、培训、评估、激励等各个方面的人力资源管理活动。但大多数的企业都设有专门的人力资源管理部门（或者人事管理部门）和人力资源经理负责人力资源的运作职能。人力资源经理及其下属同其他管理人员的人力资源管理职责既有共同之处，又有一些明显的区别，这主要体现在他们所拥有的职权上。

1. 职权及其划分

职权是指制定决策、下达命令和指挥别人工作的权力。在组织管理中，职权分为直线职权和职能职权。直线职权是直线或梯级的职权关系，即上级对下属行使直接的管理监督的关系。职能职权是顾问性质的职权关系，即进行调查、研究并向直线职权提出建议。

拥有直线职权的管理者是直线管理者，拥有职能职权的管理者是职能管理者。直线管理者拥有完成生产和销售等实际业务的下属，有权直接指挥其下属的工作，因此直线管理者需要负责完成组织的基本目标。职能管理者不拥有完成生产和销售等实际业务的下属，他们只是负责协助直线管理者完成组织的基本目标。人力资源经理属于职能管理者，他们负责协助生产和销售等方面的管理者处理选拔、评估、激励等方面的事务。

2. 直线管理者的人力资源管理职权

直线管理者所具有的人力资源管理职权包括指导组织的新进员工、训练员工掌握新的技能、分派适当的人员担任适当的工作、培养员工之间的合作工作关系、协助员工提升工作绩效、向员工传达组织的各种规章和政策、控制本部门的人事费用、开发员工的工作潜力、激发并维护员工的工作积极性、维护员工的身心健康等等。

一般来讲，当组织规模很小的时候，直线管理者是可以独立完成上述各项工作的。当组织规模达到一定程度时，直线管理者就需要人力资源职能部门的协助以及人力资源管理专业知识的支持。

3. 人力资源管理者（或人力资源经理）的人力资源管理职权

人力资源部门职能经理人的人力资源管理职权既有与直线经理人相似的直线职能，也有人力资源经理人特有的服务职能。人力资源经理人的直线职能包含两层含义：一是在人力资源部门内部，人力资源经理必须行使直线经理人的职权，指挥自己的下属工作；二是在整个组织范围内，人力资源经理对其他经理人可能行使相当程度的直线职能，这就是所谓的人力资源经理的"隐含职权"。这是因为其他的直线经理人知道人力资源经理由于工作关系能够经常接触最高管理层，因此，人力资源主管所提出的建议经常被看作上级指示，而受到直线经理人的重视。人力资源经理人的服务职能包含两方面：一方面，人力资源经理和人力资源部门作为最高管理层的得力助手，要协助企业的最高管理层保证人力资源方面的目标、政策和各项规定的贯彻执行；另一方面，人力资源经理人要为直线经理人提供人力资源管理方面的服务，其中包括帮助直线经理人处理所有层次员工的任用、训练、评估、奖励、辅导、晋升和开除等各种事项，帮助直线经理人处理健康、保险、退休和休假等各种员工福利计划，帮助直线经理人遵守国家各项有关劳动和人事方面的法律和规定，帮助直线经理人处理员工的不满和劳工关系。在解决这些问题的过程中，人力资源经理和人力资源部门必须提供最新的信息和最合理的解决办法。

第二章 人力资源规划与职位分析

第一节 人力资源规划

一、人力资源规划的概述

（一）人力资源规划的含义

一个组织为了更好地发展，会制订其发展的总体规划，这个总体规划通常由涉及人、财、物等多个方面的子规划共同组成，如财务规划、市场规划、技术研发规划等，人力资源规划也是其中重要的一个。人力资源规划是组织为了实现既定目标而从人力资源的角度对未来所做的统筹安排，可以这样来界定其概念：人力资源规划是组织为了实现其总体发展目标，在科学预测、分析组织所处环境中的人力资源需求和供给状况的基础上，制定必要的政策和措施以确保组织在需要的时间和需要的岗位上获得所需要的人力资源（数量和质量）的过程。这一定义包含以下四层意思。

1. 人力资源规划是为了实现组织的总体发展目标

人力资源规划不是独立于组织体系之外的独立发展规划，而是组织总体规划的重要组成部分。因此，在制订人力资源规划时要以组织总体目标为导向，人力资源规划要服从和服务于组织总体规划和战略规划。

2. 人力资源规划是在充分考虑内外环境变化基础上制订的

组织的内外环境是影响甚至决定其经营成败的重要因素，组织的人力资源规划工作需要充分考虑组织内外环境中的各类因素。由于这些因素是不断变化的，所以组织的人力资源规划并非一旦制订就永远不变。组织在进行人力资源规划时需要对这些变化的环境因素进行科学的预测和分析，并在此基础上采取措施确保组织在近期、中期和远期都能获得有效的人力资源补充。

3. 组织内人力资源供需不平衡是常有的，组织应有持续有力的措施来应对

组织中的人力资源状况总是在不断发生变化，比如，业务规模的扩大会导致人力资源需求增加，业务收缩会导致人力资源过剩；先进管理理念和经营技术的引入会导致人力资源需求发生变化，组织中常见的人员调动、升迁、退休、离职等也会产生结构性不平衡；等等。因此，组织应当对人力资源的供需平衡问题予以持续关注，并采取有效的措施来应对，确保其相对平衡。

4. 人力资源规划应在组织目标和员工利益方面实现双赢

组织在进行人力资源规划时，不能只考虑组织目标的实现，也要考虑员工个人的发展。组织应当为员工的自我发展创造良好的条件，通过满足员工的内在需要进而调动他们的积极性、主动性和创造性，最终实现组织的经营目标。组织应当关心每一个员工的利益诉求和发展需要，引导他们在实现组织目标的同时实现个人的自我价值，否则组织可能无法长期获得所需要的人力资源。

（二）人力资源规划的内容

人力资源规划主要有两种。一是组织人力资源的总体规划，它是根据人力资源管理的总目标而制定的组织总体人力资源数量、质量及岗位供需状况的安排，包括需求量和供给量的预测、做出预测的依据、供求比较结果、供求平衡的指导原则和总体政策等。二是在总体规划指导下的各种专项业务规划，常见的有补充规划、配置规划、晋升规划、培训与开发规划、绩效管理规划、薪酬规划、员工关系规划、职业生涯规划八种。

（三）人力资源规划的作用

一般情况下，可以从两个方面考察人力资源规划的作用：一是在组织整体运营中的作用；二是在人力资源作业活动中的作用。

1. 人力资源规划在组织整体运营中的作用

人力资源规划在组织整体运营中起着重要的作用，因为它决定着组织中的关键投入资源——人力资源的数量和质量水平，而人力资源的状况又决定着组织的运营绩效和最终目标的实现。具体来说有以下四个方面：

（1）确保组织发展所需的人力资源获得

前边章节中已经说明，人力资源是组织中能动性最强、最具核心意义的投入要素，组织只有拥有充足的人力资源，才能确保其合理发展。但是，组织所面临的内外环境是不断变化的，比如从外部环境来说，政府出台的用人政策、最低工资标准限制、社会总体人力资源供给水平、现有人口的技能结构状况等都会对组织的人力资源需求和供给产生影响；从组织内部环境来说，组织业务的变化、经营理念的改进、生产技术的进步等也影响着组织的人力资源赋存和需求状况。只有通过人力资源规划，才能实现对组织未来人力资源需求与供给的有效预测，进而采取措施确保供需平衡，保障组织发展中所需要的人力资源数量与质量。

（2）有效促进组织战略目标的实现

高层管理者在制定组织的战略目标和发展规划以及选择决策方案时总要考虑组织所拥有的各种资源，尤其是人力资源的状况，而且不仅要了解组织当前的状况，还需要对未来的状况进行预测。人力资源规划需要对组织当前的状况和未来的状况都进行分析，因此，科学的人力资源规划有助于高层管理者了解组织目前和未来的各种人才余缺情况，并根据这个情况考虑人员补充、培训、抽调等方面的可能性，帮助他们进行科学决策。总之，人力资源规划需要有组织的战略目标、发展规划和整体布局为指导，但同时，科学的人力资源规划又有助于促进战略目标和发展规划的顺利实现。

（3）人力资源规划有助于组织人工成本的控制，有效降低组织的运营成本

当前组织管理中，成本控制是一项重要的管理工作。在组织诸多成本中，人工成本是重要的组成部分；人工成本中最大的支出项目是薪资，而组织薪资总额在很大程度上取决于组织中不同岗位和级别人员的分布状况。一般来说，组织发展初期，由于人员数量较少、管理人员较少、高级别员工数量不足等原因，组织的人工成本在组织总体成本中所占的比重并不高；但是，随着组织的发展，组织员工的数量不断增多，同时员工的职位和技能级别都在不断提升，组织在人工方

面的成本可能会很快上升，如果组织不采取适当的办法予以控制，那么就可能使人工成本超过组织所能承受的范围。科学的人力资源规划就是要对组织内的人员结构、岗位分布等方面进行合理的规划，科学控制组织的用人成本。同时，在进行人力资源规划时，组织还可以对组织外部人力资源供给状况进行充分的了解，充分运用供求规律来给组织内部的特定岗位制定合理的薪酬水平，既确保稀缺人才薪酬的竞争性，又确保一般人员薪酬在低成本范围中运作。通过对组织人力资源状况的了解和预测，人力资源工作能制定出合理的人员流动率标准，在组织内部造成一定的竞争压力以提高员工的工作效率；通过降低招聘成本、安置成本和培训成本使人力资源总成本降低，进而推动组织的发展和壮大。

（4）为员工描绘美好前途，稳定员工预期

科学的人力资源规划能为员工提供较为明确的发展前景与路线，使员工将自身目标与组织发展目标进行有效的结合，使员工知道该如何在组织的成功中去发展自身，有效激励员工做长期打算，稳定员工预期，让他们对组织保持长期的信心。

2. 人力资源规划在人力资源作业活动中的作用

在组织的人力资源所有作业活动中，人力资源规划处于统领地位，它的工作成效会影响到组织整个人力资源管理工作。具体来说有以下三个方面。

（1）人力资源规划有利于人力资源管理活动的有序化

人力资源规划是组织人力资源管理的基础，类似于组织管理职能中的"计划"职能，对组织总体人力资源管理工作有着典型的指导意义，它能为组织确定人员的需求量、供给量、调整岗位和任务、培训等提供可靠的信息和依据，进而保证管理活动的有序化。如果没有人力资源规划，或者人力资源规划工作做得很糟糕，那么组织在从事后续人力资源管理时就缺乏一个总体纲领。如果无法明确何时需要补充人员、需要进行何种培训以及如何开展绩效管理等，组织的人力资源管理工作就可能具有很大的随意性和混乱性，无法有效保障组织目标的实现。

（2）人力资源规划是人力资源管理的各项业务活动的纲领

人力资源管理工作有很多内容，它们分别承担着不同的管理职能；为了做好这些工作，人力资源管理者也会分别制订不同作业活动的各种业务规划。人力资源管理的总体规划是人力资源管理部门的整体工作安排，既要反映各作业活动的内有逻辑联系，又要避免各项职能在不同工作中的重复。对于人力资源专项业务计划来说，要充分考虑到各项业务活动在整体工作中的作用和地位，从组织的实际情况出发，对各项活动进行长期、中期、短期上的合理安排，确保各项业务活动能有效、顺利地开展。

（3）人力资源规划与相关作业活动的具体关系

①人力资源规划与薪酬管理的关系

人力资源需求与供给预测的结果可作为薪酬规划制订的依据，而组织在制订人力资源规划时也需要考虑组织的薪酬管理政策。人力资源规划时，会对人力资源的数量和质量进行预测，进而可以对薪酬的总体水平进行预测，或者在预定的薪酬总体水平下设定合理的薪酬结构。在薪酬政策既定的情况下，组织可以依据薪酬政策来预测组织未来的人力资源供求状况，进而采取合理的措施予以平衡。比如，如果组织的薪酬没有足够的吸引力，组织要想从外部市场中获取足够的人力资源可能需要多付出一些努力；而在组织内部，薪酬高的岗位的供给量可能会多于薪酬低的岗位。

②人力资源规划与招聘的关系

人力资源规划与招聘工作的开展有着紧密关系，员工招聘决策中的每一个要素都可能与人力资源供求预测有关。比如，如果人力资源供求预测是平衡的，组织可能就不用开展招聘活动；组织内部的人力资源供给若能满足其需求，组织可能会优先考虑内部招聘；如果组织内部人员的供给不足，则必须开展外部招聘，很显然，组织采取何种形式的招聘、招聘什么样的人等，都与人力资源规划的结果相关。

③人力资源规划与员工配置的关系

员工配置是将合适的人放到合适的岗位上去，是组织对内部人员采取晋升、调动、降职等方法开展的人力资源作业活动。员工配置与组织很多因素都有关系，比如业务的变化、组织结构的变动、员工的个人表现等；而人力资源规划也是其中一个重要的原因。当科学的人力资源预测结果出来后，组织可以根据现有人力资源的分布状况来重新分配人力资源的分布，实现人力资源配置与组织发展需要的匹配。

④人力资源规划与员工培训的关系

人力资源规划与员工培训的关系主要体现在人力资源的质量方面。在员工培训时，首先需要知道是否需要培训，接着需要弄清楚培训谁、培训什么、如何培训等，而这一切决策的依据主要是从人力资源规划中来。人力资源预测中，可以知道组织的发展需要什么样的人，而现实中的人如果无法满足这种需要，那么培训的需求就产生了。组织可以在人力资源预测的基础上，科学制定培训策略，提高组织内部供给的质量，有效增加组织内部供给。

⑤人力资源规划与绩效管理的关系

人力资源规划需要以绩效管理尤其是考核作为重要的依据。通过对员工工作业绩以及态度能力的评价，组织可以对每个员工的工作状况进行准确的衡量，对该员工与岗位的匹配性进行判断，进而对岗位的空缺（包括数量与质量）状况进行预测，这是需求预测的一个重要数据来源。同时，可以通过绩效考核发现组织内部哪些人员具备从事特定岗位的素质和能力，这又成为供给预测的重要途径。

⑥人力资源规划与员工解聘的关系

员工解聘的情况与人力资源规划也紧密相关。通常来说，员工解聘的原因是组织在人力资源预测中发现需求小于供给，或者是现有人力资源的质量难以符合组织的发展需要而又难以通过培训和开发手段来进行调整时，组织都会通过解聘多余人员或者质量难以达标的人员来实现组织人力资源的供求平衡。

（四）人力资源规划的过程

一般来说，人力资源规划的过程可以包括五个步骤：准备阶段、预测阶段、措施制定阶段、措施实施阶段、反馈与评估阶段。

1. 准备阶段

这个阶段的主要工作是调查、收集、整理和分析与组织人力资源有关的各类信息。这些信息大致可以分为三个方面：一是外部环境信息；二是内部环境信息；三是组织现有人力资源信息。

这些信息是人力资源预测的数据基础，这个阶段的信息收集越准确，后边的预测和措施决策就越科学。组织可以通过构建人力资源信息系统来实现信息的收集。

2. 人力资源供求预测阶段

在掌握了充分信息的基础上，采用各种有效方法和技术对组织在未来一段时期中的人力资源需求与供给状况进行预测，它是人力资源规划的核心部分，也是技术要求最高的部分，供求预测的准确性直接决定着人力资源规划的成败。

它主要分为两个方面的预测。一是需求预测，通过需求预测要能得出组织在员工数量、组合、成本、新技能、工作类别等方面的需求，以及为完成组织目标所需的管理人员数量和层次的列表。二是供给预测，又分为内部供给预测和外部供给预测，是通过分析劳动力过去的人数、组织结构、人员流动、年龄变化和录用等资料，预测出未来某个特定时刻的人力资源供给情况的过程。

3. 人力资源供需平衡策略制定和人力资源规划制订阶段

在人力资源供求预测的基础上，组织应当考虑的问题是如何实现供求平衡，使组织未来的人力资源需求得到满足。人力资源供求平衡问题直接关乎组织经营目标能否实现，因此在策略的制定过程中要尽量小心谨慎。

通常来说，前一阶段的人力资源供求预测的结果可能有四种较为典型的情况存在：一是人力资源供不应求；二是人力资源供大于求；三是人力资源供给与需求之间的结构关系失调；四是人力资源供给和需求保持基本平衡。这四种情况中，前三种是常见的情况，第四种情况较少出现，即使出现也是短期平衡。这是因为，组织的内外环境总是处于不断变化中，组织的人力资源供求状况也总是处于变化中。所以，在制定应对策略时，既要考虑组织发展的总体战略，也要考虑组织所处的内外环境，采取灵活多变的形式有效应对不同的局面。

在各种策略制定出来的基础上，要制订出组织人力资源规划方案，既包括总体方案也包括专项方案。在方案制订时，要考虑注意人力资源规划与组织战略规划和其他规划之间的相互关系，确保总体规划和专项规划、各个专项规划之间的相互协调和衔接，在充分考虑组织的目标、资源限制等基础上，制订出可行性、经济性良好的人力资源规划方案。

4. 人力资源供需平衡策略的实施和人力资源规划的执行

有了良好的策略和完善的方案后，还要具体实施以确保组织目标的实现。在策略实施和方案执行的过程中，要注意以下四点：一是要有专人负责方案的实施并赋予相应的权力；二是要给予方案实施所必需的资源和条件；三是确保方案的完全执行而不打折扣；四是定期报告实施的进展和实施过程中遇到的问题，做好控制工作，确保方向不偏离。

5. 反馈与评估阶段

对人力资源策略和规划方案的实施效果进行评估是整个规划过程的最后一步。由于预测有许多假定情况，而在实际执行中这些情况未必成立或可能会发生变化，因此预测的结果不可能完全准确。因此，人力资源规划也不可能完全符合实际情况，它是一个开放的动态系统。

人力资源规划的反馈和评估包括两层含义：一是对实施过程的反馈和评估，要确保策略和规划方案的执行能与实际内外环境相一致；二是对预测的结果和策略与规划方案本身的反馈和评估，即看预测得是否准确、导致准确与否的原因是什么，或者制定的策略是否有效、导致有效与否的原因是什么等，其目的是找出人力资源规划中存在的问题，总结有益的经验，为以后的规划提供借鉴和帮助。

二、人力资源供求预测

人力资源供求预测是人力资源规划工作中的关键环节，包括对人力资源的需求进行预测和对供给进行预测两个方面。

（一）人力资源需求预测

1. 人力资源需求的影响因素

对人力资源需求会产生影响的因素有很多，常见的因素有以下六种：

（1）组织发展战略和经营计划

组织的发展战略和经营计划会对组织的人力资源需求产生决定性影响。如果组织的发展战略是快速扩大组织规模，其人力资源需求量也必然很大；如果组织的经营计划有所调整，比如改变现有经营领域或削减经营规模，组织所需要的人力资源质量、数量和结构都可能会跟着调整。

（2）组织的业务要求

如果组织的业务量增加，所需要的人力资源数量就越多；如果组织的业务质量要求提升，组织所需要的人力资源可能也会跟着提升。

（3）生产技术水平和管理方式的变化

当组织提高生产技术水平时，可能会增加对人力资源质量的要求而减少对数量的要求；当组织的管理方式发生改变时，也可能对组织人力资源的需求产生影响。

（4）员工的工作量和工作效率

如果当前员工的工作量不够饱满，则组织人力资源需求的数量可能会减少；员工的工作效率提高，也可能减少人力资源的需求数量。

（5）员工的流动率

如果组织员工的流动率较高，则人力资源的缺口就比较大，数量需求可能也就高；反之，低流动率则可能导致低需求量。

（6）组织的财力状况

组织的财力状况也是影响人力资源需求的重要因素，如果组织的财力雄厚，能支持多数量和高质量的人力资源状况，那么它的需求就可能较高；反之则可能较低。

需要说明的是，上述各种因素都是在假定其他因素不变的情况下，仅由此因素对人力资源规划所产生的影响。如果是多个因素共同作用，则可能产生不一样的效果。比如，虽然组织的业务量增大了，但是组织采用了先进的生产技术，则可能它们共同产生的作用相抵，组织的人力资源需求状况还会和以前一样。

2. 人力资源需求预测的方法

（1）定性预测法

①经验推断法

如果组织所处的环境稳定，组织规模较小时，可以使用经验推断法来进行需求预测。其步骤通常为：

A. 有企业高层提出指导性建议；

B. 各个基层管理者根据自己的经验和对未来业务量的估计，提出本单位各类人员的需求数量和相关要求，报上一级管理者；

C. 由上一级管理者估算平衡，再报上一级的管理者，直到最高层管理者做出决策；

D. 人力资源管理部门根据最高层管理者的决策做出预测。

这种方法简单易行，运作成本较低，能够快速地得到预测结果。但是其缺点也很明显，就是粗放不精确，对管理人员的要求较高，且一些管理人员可能存在多报需求量的倾向，导致预测结果存在瑕疵。它通常用来进行短期预测、局部预测和小规模预测。

②德尔菲法

德尔菲预测技术也称集体预测方法。它是在组织中组成一个专门的预测机构，其中包括预测组织者和若干专家，按照规定的程序，"背靠背"地征询专家对未来人力资源需求的意见或者判断，然后进行预测的方法。这里的预测组织者通常是组织内人力资源管理部门的人员，专家可以是组织内部基层的管理人员，也可以是高层经理；既可以来自组织内部，也可以来自组织外部。这种方法充分发挥了专家的专业知识，且因为各位专家"背靠背"所以也避免了权威影响，是集合了诸多专家的理性决策，因此通常预测质量较高；但是它耗时耗力、预测成本高昂，且存在预测结果不能收敛的风险。因此，组织应根据实际需要来考虑是否选择这个方法。通常，它可以用来进行中长期预测和大范围内的预测。

A. 德尔菲预测技术的操作步骤如下：

第一步，成立预测组织小组。后续工作由预测小组负责开展。

第二步，根据自身情况，在组织内外广泛选择专家。选择时要注意，这些专家必须懂得人力资源预测的知识或专长，掌握有不同的专业技能，能从不同视角对人力资源状况进行预测。要求各位专家"背对背"，也就是除了自己外，并不知道别人还有谁参加了这次预测。选定专家后，预测小组需要分别向各位专家说明预测的重要性和注意事项，取得专家对预测的理解和支持，同时通过审视组织战略目标以及与各位专家的交流，确定预测的方向，解释变量和关键点。

第三步，准备预测所需背景材料。制作问卷或预测工具。

第四步，向各位专家分别发放预测问题和准备好的背景材料。请各位专家在背靠背的方式下独立分析材料、做出预测，并将预测结果返回给预测小组。发放和回收材料的方式可以是邮件、网络等。这是第一轮意见调查和反馈。

第五步，预测小组对各位专家的意见归纳汇总，检查大家的预测结果是否趋于一致。如果趋于一致，调查到此结束，可将大家的结果作为预测的结果。但通常在第一轮中都不会一致，于是需要展开第二轮调查与反馈。

第六步，将第一轮归总的意见和新补充的背景材料反馈给各位专家，请各位专家根据其他人的意见和新补充的材料，做出第二轮预测结果。反馈意见时，仍然需要保证"背靠背"，保障各位专家独立得出预测结果。这是第二轮意见调查和反馈。

第七步，重复五、六步，直到取得一致的结果。

B. 德尔菲法使用的注意事项。

使用该方法需要注意：人力资源部门提供的背景材料要充分，包括已经收集的历史资料和有关的统计分析结果，目的是使专家们能够做出比较准确的预测；所提出的问题应该尽可能简单，目的是保障专家们不会因为产生歧义而做出不利于预测目标的结果；对于专家的预测结果不要求精确，但是要专家们说明对所做预测的肯定程度；组织者要确保"背靠背"，也就是保证专家表达意见的独立性。

（2）定量预测方法

①趋势外推法

趋势外推法也叫趋势预测法，是指组织根据过去几年的人员数量，分析其未来变化趋势，并以此预测组织未来某个时期的人力资源需求数量。预测时，以时间为自变量，某个时间点的人力资源需求量作为因变量，假设过去的人力资源变化趋势不变，且组织所面临的其他影响因素不变。很显然，这种方法有较大的局限性，通常只适合于经营稳定的组织或者环境稳定的情况下，作为辅助性工具使用。

②比率分析法

这种方法是根据过去的经验，把组织未来的业务活动水平转化为人力需求的预测方法，通常用于短期预测。其原理是借助劳动生产率和组织业务总量之间的关系来对所需的人力资源数量进行折算的一种方法，三者之间存在以下关系：

$$业务总量 = 人力资源数量 \times 劳动生产率$$

对于不同类型的组织，该公式可能有不同的表达形式，比如：

$$产量 = 人力资源数量 \times 人均生产率，或者销售收入 = 人力资源数量 \times 人均销售额$$

稍做处理，可以得到人力资源需求量：

$$人力资源需求量 = 业务总量 \div 劳动生产率$$

如果要考虑不同工种的需求差异，可以先根据过去的业务活动水平，计算出每一业务活动增量所需的人员相应增量，再把对实现未来目标的业务活动增量按计算出的比例关系，折算成总的人员需求增量，然后把总的人员需求量按比例折成各类人员的需求量。

（二）人力资源供给预测

人力资源供给预测是对组织在未来某一特定时期能够提供给自己所需的人力资源数量、质量和结构进行预测。一般来说，人力资源供给预测可分为外部供给预测和内部供给预测。

1. 外部供给预测

外部供给预测是指对组织以外能够提供给组织所需要的人力资源的质和量的预测，主要的渠道是外部劳动力市场。从根本上说，组织中的人力资源最初都是来自组织外部，它是任何组织都必须依赖的人力资源补充渠道。因此，合理地对外部供给进行预测是保证组织正常发展、节省人力购置成本的重要手段。但是，由于外部供给无法为组织所掌握，因此对其分析时要建立在信息充分收集的基础上。

（1）外部劳动力市场的分类和获得渠道

外部劳动力市场通常可以分为四类：蓝领员工市场、职员市场、专业技术人员市场、管理人员市场。这些劳动者可以通过不同的渠道获得。当前我国多数组织在获得这些劳动力时通常都依赖于如下渠道：①政府主办的劳动力市场，主要是劳动部门主办的职介机构和人事部门主办的人才市场；②行业、团体主办的劳动力市场；③大型企业主办的劳动力市场；④街道社区主办的劳动力市场；⑤民营中介组织；⑥其他。

（2）外部人力资源供给的影响因素

外部人力资源供给状况受到国家甚至世界政治、经济、社会文化、技术等因素的影响，在进行外部人力资源供给预测时，通常需要分析如下影响因素：

①人口因素

这是指本组织可以获取外部人力资源的地域范围内，有多少人口资源以及人口资源的结构等因素。具体来说，这方面的因素首先要考虑该地区的人口资源总量以及人力资源所占的比例；其次，要考虑该地区人力资源中，不同年龄、性别、受教育程度、经验与技能等方面的人所占的比例。

②经济与教育状况

一般来说，一个地区的经济越发达，对外地人力资源的吸引能力就越强，则本地区的劳动力补充就越多；一个地区的教育状况越好，政府在教育方面的投入越多，则该地区的人力资源数量和质量可能会更好。

③劳动力市场状况

一个地区的劳动力市场中的结构、择业观、平均劳动力价格等都会影响到人力资源的供给状况。比如，如果蓝领工人比例较小，则建筑行业的劳动力供给堪忧；如果大多数人不愿意进入服务业，则餐饮、酒店等组织的招工就会很困难；如果劳动力平均价格太低，可能很多人不愿意替其他人打工……

④政府相关政策的影响

比如，政府是否允许外地或外国人在本地就业，是否对他们加入本地就业领域进行了限制，是否在人们就业年龄方面给予了规定，是否给予了特别的劳动安全保障等，都会影响到一个地区的外部人力资源供给。

⑤组织自身的吸引力与竞争对手的措施

如果组织自身的吸引力较强，则愿意加盟本组织的外部人力资源可能也越多，如组织的规模、知名度、薪酬福利、所处行业等都是重要的吸引因素；同时，竞争对手也在人力资源的争夺方面会对本组织产生重要影响。

2. 内部供给预测

内部人力资源是组织内部人力资源供给的主要来源，多数组织在进行人力资源预测时，都首先要考虑组织的内部供给状况。在内部分析时，主要通过对现有人力资源存量和它未来的变化情况进行判断。

（1）内部供给预测分析的内容

①现有人力资源分析

这是对现有人力资源的数量、质量等进行的分析。与组织中其他资源不同，组织的人力资源即使在别的条件都保持不变的情况下，也可能发生变化。比如，人的年龄的增长、人的身体素质的变化、人的学识和经验的增长等等。因此，在进行现有人力资源分析时，重点要对组织中现有人力资源的年龄、性别、身体状况、学习、技能提升等状况进行分析，以更加准确地获知人力资源的供给状况。

②员工流动分析

员工的流动主要分两种情况。一种情况是组织内现有员工的流出，如员工的退休、离职、意外死亡或工伤等，都可能导致组织现有人力资源减少。在分析人力资源的这种流失时，可以用流失率指标来进行科学衡量，其公式为：

员工流失率＝（某一时期离开组织的员工人数÷同时期组织平均拥有的员工人数）×100%

另一种情况是员工的内部流动，即一些岗位上的员工流动到其他岗位上去了。这种流动虽然没有对组织的人力资源总供给产生影响，但是影响到了供给结构，它可能导致某些岗位、层次的人力资源过量，而另一些岗位或层次的人力资源不足。对于一些特定的岗位，可以分析其潜在供给量来分析其供给量。比如，某经理岗位的候选人有哪些，以此来判断该岗位有多少供给量。

③员工质量分析

如果员工的学识增多、技能增加、经验更丰富等，那么员工的质量可能会升高。对员工质量分析主要是考查组织内部人力资源的供给质量。需要注意的是，员工质量的变化会对数量的变化产生一定替代作用。比如，员工素质提升后，其工作效率提升，他现在可以做的工作是以前工作的 1.5 倍，那么这就意味着他能顶替 1.5 个原先水平的员工。

（2）内部人力资源供给的方法

①人事资料清查法

这是对组织中现有人力资源的数量、质量、结构和在各职位上的分布状况进行检查，以明确组织现有人力资源的状况。在进行人事资料清查时，通常可以借助技能清单。技能清单是由人力资源管理部门所设计的一种能全面反映一个员工工作能力特征信息的表格，可以反映员工的工作经验、受教育程度、特殊技能、竞争能力等与工作有关的信息，以帮助人力资源规划人员估计现有员工调换工作岗位的可能性大小和决定哪些员工可以补充当前空缺岗位。

这一方法常作为一种辅助性的方法，通常用作对管理人员置换、人力接续等提供更为详细的质量上的参考。在使用这个方法时，通常需要设计科学的人事资料清查表。当前随着计算机的普及使用，可以通过计算机来记录组织现有人力资源的状况，并且可以随时更新。

②人力接续法

这是根据工作岗位的需要，在明确特定岗位对员工的要求基础上，通过对组织现有员工的考察，为这些岗位安排接续、继任计划的方法。具体来说，这类方法又有两种：一是继任卡方法，主要用于管理者的内部接续管理；二是员工接续计划，主要用于一般员工的接续管理。该方法强调计划的整体性和一致性，即计划要与组织内外部各个方面协调一致。

（三）人力资源供需平衡

1. 供大于求的策略

所谓供大于求，是指预测的结果是未来人力资源供给大于需求，此时组织可以根据自身情况，从供和需两方面采取措施。

（1）需求方面可以采取的措施

在需求方面，要让富余人员有事可做，主要的措施如下：

①扩大经营规模，或开拓新的增长点，增加人力资源需求量。比如，开拓市场，从地理上或细分市场上扩大经营空间；或者进行多元化经营或跨行业经营，由新规模和新业务来安置富余人员，并发挥他们的才智。

②对富余员工实施培训，即增加培训人员的需求，减少对现有岗位的人员供给。这事实上是在储备人才，为组织的长远发展做准备。

（2）供给方面可以采取的措施

在供给方面可以采取的措施可以有以下三点：

①削减工作时间，实行工作分享，削减薪酬福利，以这些手段来促进人力资源供给的减少；

②直接裁员、鼓励员工提前退休或者待岗等，这些做法最能取得直接效果，但是因为通常会提高失业率，给社会带来不安定因素，通常会受到政府的限制；

③停止招聘，通过自然减员来减少人员供给。

2. 供小于求时的策略

所谓供小于求，是预测未来的人力资源供给小于需求，此时的组织仍可以从供和需两方面采取措施。

（1）需求方面可以采取的措施

在需求方面，主要的做法是想办法减少组织对人力资源的需求，可以采取的办法如下：

①提高现有员工的工作效率。由于每个员工的工作效率提高了，因此可以替代一部分新增的员工需求数量。提高员工工作效率的方法有很多，如改进或引进生产技术、改变管理策略或改善工作程序、增加工资、进行技能培训等等。

②增加员工工作时间。比如加班，单个员工做的事情比原来更多，当然可以有效减少对人力资源的需求。但是通常不能单纯要求员工付出更多的工作时间，而需要在精神方面给予鼓励，或在物质方面予以较高待遇，或者两者兼而有之；否则容易导致员工的不满和离职，扩大员工缺口。

③引进新技术或改进新技术，减少组织对人力资源的依赖性。比如引进机器人生产，购进自动化设备等，都可以有效地减少对人工的需求量。

④可以将组织的部分业务进行外包，交给外部的专业公司去承担，可以有效地减少内部人力资源需求量。

（2）供给方面可以采取的措施

在供给方面，要想方设法增加供给。常见的措施如下：

①从外部雇用人员。包括返聘退休人员、招聘实习生、兼职人员、临时工等，这是最为直接的一种方法。

②培训现有员工。使他们掌握多项技能，能在不同岗位之间实行相互支援。

③留住员工。增加员工满意度，降低员工的离职率，同时进行内部调配，增加内部的流动来提高某些职位的供给。

3. 结构性不平衡的策略

所谓结构性不平衡，是指数量上平衡，但存在某些岗位人数供过于求，而另一些岗位人数供小于求，或者是供给的质量与需求的质量不匹配。此时可以采取的策略如下：

①开展人员的内部重新配置。如通过晋升、调动、降职等手段弥补那些空缺的岗位，满足这部分的人力资源需求。

②展开有针对性的专门培训，使那些技能不能胜任岗位的富余人员掌握足够技能，以满足空缺岗位的需要。

③进行人员的置换。对于组织中不需要的那些人员予以辞退，重新补充组织需要的人员，确保人员结构的合理性。

第二节　职位分析含义与方法

一、职位分析的概述

(一) 职位分析基础知识

1. 职位分析的含义

职位分析又被称为工作分析、岗位分析或职务分析，是人力资源管理体系中的一项基础性工作，一个组织是否进行了职位分析以及职位分析质量的高低都对人力资源管理的各环节具有重要的影响。

职位分析的概念有广义和狭义之分。广义的职位分析包括组织分析、机构分析和职位分析三个层次；而狭义的职位分析仅仅涉及对特定职位的工作内容、任职条件及该职位与其他职位的工作关系进行描述，是制定职位说明和工作规范的系统过程。职位分析的结果，通常是制作出一份翔实而合理的职位说明书。在职位说明书中，通常应该包括两个部分的内容：一是对岗位本身的描述；二是对该岗位的用人要求提出说明。前者常被称为职位描述；后者常被称为任职资格。

具体来说，职位分析就是要为人力资源管理活动提供与特定职位有关的各种信息，这些信息可以被概括为6W1H。

①What：这个职位是做什么的？工作内容是什么？

②Who：什么样的人能承担这个职位？

③When：关于这项工作的时间安排是怎样的？

④Where：这个职位的工作在哪些地方开展？

⑤Why：为什么要设置这个岗位？或者为什么要开展这个工作？

⑥ForWhom：这个职位的工作是对谁服务的？或者对谁负责？

⑦How：如何开展职位工作？

2. 需要进行职位分析的时机

一般情况下，如果发生了以下三种情况，应当进行职位分析：

①组织新成立，或进行了组织变革、导致了组织结构调整或工作流程变化时；

②当组织开拓新业务、扩大规模、多元化经营等产生了新岗位时；

③当组织的内外环境发生了变化，比如引入了新的管理理念、新的作业技术等，导致组织原有职位的工作性质和工作内容发生改变时。

3. 职位分析中的相关术语

在职位分析时常会用到一些专业术语，这些专业术语的含义与人们的日常理解不尽相同。为了科学有效地进行职位分析，必须对这些术语有准确的理解。常见的术语有工作要素、任务、职责、职权、职位、职务、职业、职位分类等。下边分别解释。

（1）工作要素

工作要素是指工作中不能再继续分解的最小动作单位。它可以用来描绘某个工作的单个动作，比如接话员拿起听筒接听电话、财务人员使用计算器、司机拿出钥匙启动机动车、砖工用砖刀削去砖头的多余部分等，都是工作要素。工作要素处于较低层级的职位分析范围，一般只有在制造行业中为了制定操作性工作的动作标准，工艺人员分析工人的动作或者进行规范操作工作程序时才会用到。

（2）任务

任务是为达到某一特定目的所从事的一系列活动，它可以由一个或多个工作要素构成。比如，为了将幼儿园小朋友安全送到家，校车司机的任务就涉及检查车辆安全、引导上车、安排座位、启动车辆、安全驾驶、到点下车等多个工作要素。任务可细分出活动、活动程序、要素等更细微的单元，各种任务有大有小、有难有易，所需时间长短不一。比如，同样的一次飞行任务，演习中的飞行和战斗中的飞行肯定是不一样的。当在组织中有足够量的任务需要一个人承担时，就产生了工作岗位。

（3）职责

职责是组织要求的在特定岗位上需要完成的某类工作任务的集合。比如，车工的职责是加工零件并进行质量检测、机床设备的维护与保养，程序员的责任是程序的编制、实现软件的功能，办公室秘书的职责是负责接听电话、文件收发、办公室杂事等。

（4）职权

要完成工作，就需要有一定职权，否则工作完成不了。职权就是依法赋予的完成特定任务所需要的权力。比如要让程序员完成编程工作，他有使用计算机和相关软件的权限；管理人员要完成相关管理工作，他有下达命令和调配人手的权力等。

（5）职位

职位就是岗位，是组织要求个体完成的一项或多项责任以及为此赋予个体的权力的总和，是组织的基本构成单位。职位与个人是一一匹配的，也就是有多少职位就有多少员工，二者的数量相等。当员工数量少于职位，组织就发生了缺编现象；当员工数量多于职位，就是超编现象。职位强调的是"事"，是因事设岗，不是因人设岗。如人力资源部经理就是一个职位，不论是张三还是李四如果拥有这个职位，他们所承担的工作职责和职权都是一样的。

（6）职务

职务是指组织中具有同等垂直位置的一组工作岗位的集合或统称。如公司的生产部经理、质管部经理、设计部经理是三个不同的职位，但都属于部门经理这个职务。可见，一个职务可能包含多个职位。

（7）职业

这是对不同组织甚至不同时期从事相似活动的工作总称，如医生、教师等。

（8）职位分类

从横向上区分组织中的职位，可以分为职系和职组；从纵向上区分组织中的职位，可以分为职级与职等。

①职系

这是指工作性质大体相似，但工作责任和难易程度不同的一系列职位。如人力资源助理、人力资源专员、人力资源经理、人力资源总监就是一个职系。

②职组

这是若干工作性质相似的职系所组成的集合，也叫职群。如小学教师、中学教师、大学教师就组成了教师这个职组。

③职级

这是指将工作内容、难易程度、责任大小、所需资格皆很相似的职位划为同一职级，实行同样的管理使用与报酬。比如，初级钳工、中级钳工、高级钳工就是钳工职系的不同职级，同一职级可以进行同样的管理和使用，并给予同等报酬。

④职等

不同职系间，工作困难程度、责任大小、所需资格差不多类似的归纳为统一职等。如行政体系中，设置的科级、处级、厅级等就可以使不同部门间的人员在权力、地位、待遇上相互参考比较。

（二）职位分析的作用

职位分析的作用可从两个方面来讨论：一是它对组织各项职能的作用；二是它对人力资源管理活动的作用。

1. 职位分析对组织一般管理的作用

职位分析对组织一般管理的作用表现在三个方面：一是对组织分析的作用；二是对直线管理者的作用；三是对员工的作用。

（1）职位分析对组织分析的作用

职位分析详细地说明了各个工作的特点及要求，界定了工作的权责关系，明确了工作群之间的内在联系，从而奠定了组织结构设计的基础。

①通过职位分析，尤其是广义的职位分析，可以全面揭示组织结构、层级关系对工作的支持和影响，为组织结构的优化和再设计提供决策依据。

②职位分析还与劳动定编和定员工作有着非常紧密的联系。定编是指合理确定组织机构的结构、形式、规模以及人员数量的一种管理方法。定员是在定编的基础上，为组织每个工作配备合适人选的过程。而如何定编、定员，都需要职位分析工作的大力支持。

（2）职位分析对直线管理者的作用

职位分析对直线管理者的作用表现在两个方面。

①有助于他们科学设计和优化工作流程。

通过职位分析，有助于使各直线管理者加深对工作流程的理解，及时发现工作中的不足和问题，并有针对性地展开优化和流程改造，提高工作的有效性。

②帮助直线管理者对属下员工进行科学评估。

通过职位分析，有助于直线管理者根据职位分析的结果来科学考评属下员工的绩效，并根据他们的能力和状况重新部署人力资源的分配；也有助于各位直线管理者对下属设定科学的工作目标。

（3）职位分析对员工的作用

职位分析有助于员工完善本人工作技能和方法。通过职位分析，有助于员工本人反省和审查自己的工作内容和工作行为是否符合组织要求，并以职位分析的结果为目标，加强学习提升自己各项工作技能，不断改善自己的工作行为，以确保组织目标更好地实现。

2. 职位分析对人力资源管理活动的作用

职位分析在组织人力资源管理活动中起着基础性作用。具体来讲，它在人力资源相关活动中的作用可以表现在以下五个方面：

（1）职位分析对人力资源规划的作用

在上一章中已经说明，人力资源规划工作是人力资源管理活动的基础，同时它也与职位分析工作紧密相关。在进行人力资源规划时，很多都需要借助职位分析的帮助。比如，在预测组织人力资源的供求状况时，经常会用到人事资料清查（技能清单）、人力接续、马尔科夫分析法等，这些方法都离不开清晰的工作层级关系和晋升、工作转换关系，这些都是职位说明书所应该规定的。在预测需求时，对各个岗位上所需要的人力资源数量和质量都需要进行预测，而这与职位分析的结果紧密相关，尤其是任职资格条件是重要的参考。

（2）职位分析对人员招聘的作用

在员工招聘时，需要对应聘人员提出招聘的条件限制，如何种学历、何种专业、何种技能水平、怎样的工作经验等的应聘者方可获得面试机会，这些条件主要来源于职位分析中关于任职资格的说明。因此可以说，职位分析是人员招聘的基础工作。

（3）职位分析对人员培训与职业规划的作用

在培训与开发中，要保证培训的内容科学而且有针对性，也需要借助职位分析的结果。通过职位分析，能明确知晓各种岗位对人员的技能要求，如果发现现在的员工在某方面有所缺陷，就可以考虑展开有针对性的培训，减少培训的盲目性。同时，通过职位分析，也可以对不同工作之间的关系予以阐明，这也有助于培训中向各位员工阐明，让不同岗位的人可以相互理解、相互支持，更好地实现组织绩效目标表。而在进行员工职业生涯设计时，职位分析还可以提供职业发展的路径与具体要求。

（4）职位分析型对绩效管理的作用

在绩效管理尤其是绩效考评中，要有明确的考核指标，否则绩效考核工作将难以开展。而职位分析中，可以对不同岗位的工作予以阐述，提出"工作关键业绩指标"这一内容，这一内容既可以对考评人员从哪些方面予以考评进行指导，也能给每位工作人员的努力方向进行指引。在进行绩效考评时，可以根据职位分析的关键指标来进行考核。同时，如果职位说明书包含了"沟通关系"这一项目，就可以清晰地指明绩效考核的主体与考核层级关系，因为沟通关系中明确了汇报、指导与监督关系。

（5）职位分析对薪酬管理的作用

在薪酬设计中，要科学规定不同岗位的薪酬待遇，而科学规定的基础是对各项工作有准确的理解。通过职位分析，能对各种工作进行深入的理解，根据它们对组织总体目标实现的贡献大小、对任职人员的能力要求高低等方面，对各个岗位的价值大小进行评估，进而成为合理薪酬的依据。因此，职位分析为薪酬管理提供相关的工作信息，通过工作差别确定薪酬差别，使薪酬结构与工作挂钩，从而制定公平合理的薪资政策。

（三）职位分析的原则

在进行职位分析时，应当遵循以下原则：

1. 系统性原则

组织中的每一个职位和工作都不是完全独立的，而是与其他岗位和工作密切相关。因此在进行职位分析时，不能仅仅考虑该岗位本身的工作具有何种特点，以及这些特点对就职人员提出了怎样的要求，还须考虑该工作与相关工作岗位的关系，其他岗位对该职位提出了哪些要求，从组织整体上把握该职务的特点以及对任职人员的要求。

2. 动态性原则

随着组织内外环境的变化，组织中同一个岗位的工作内容、任职要求可能也会发生变化。因此，在进行职位分析时不能仅仅是做静态考虑，而应当根据情景的变化而不断做出调整。职位分析是一个"与时俱进"的过程。

3. 目的性原则

职位分析的内容非常广泛，其用途也非常多。在进行职位分析时可能会基于不同的目的，不同目的引导下的职位分析重点应当各有侧重。比如，如果职位分析的目的是明确工作职责，那么分析的重点就应该考虑工作范围、工作职能、工作任务的界定；如果是为了甄别人才，那么职位分析的重点就在于任职资格的确定等。总之，应当根据职位分析的目的来决定职位分析中要开展哪些工作。

4. 岗位性原则

职位分析是分析岗位而不是分析人，其分析重点应该放在岗位任务、工作范围等方面，而不是分析岗位上的某个人现在如何。所以职位分析要从组织对岗位的要求出发，避免出现现任岗位员工的素质、绩效影响了岗位任职人员应有的素质、绩效要求的情况。

5. 参与性原则

虽然职位分析主要是人力资源管理部门的工作，但这项工作的完成要由组织中所有部门的共同参与方能完成。因此在进行职位分析时，要邀请组织中各个部门尤其是高层管理者和各业务部门的大力配合，获得他们的支持，方能达到预期的效果。

6. 应用性原则

职位分析并不仅仅是为了获得职务说明书或者任职资格要求等这样的书面文件，而是要将它用于指导组织中人力资源管理或其他各个方面的管理工作。比如，在人事招聘、培训、绩效考核等工作中，甚至是组织结构变革的过程中，都可能需要职位分析结果的支持。组织在相关工作中要充分应用职位分析的结果，这样一方面能有效提高相关工作的效率，另一方面也有助于职位分析工作的实际应用。

二、职位分析的方法

（一）观察法

1. 概述

观察法是指职位分析人员借用人的感觉器官、观察仪器或计算机辅助系统实地观察、描述员工的实际工作活动过程，并用文字、图表和流程图等形式记录、分析和表现有关数据。观察法主要适用于周期性、重复性较强的工作。

2. 分类

根据观察对象的工作周期和工作突发性的不同，观察法可以分为直接观察法、阶段性观察法和工作表演法等。

（1）直接观察法

这是观察人员直接对员工工作的全过程进行观察，适用于周期很短的工作岗位。比如，多数时候的保洁员职位工作周期可视为一天，那么职位分析人员可以观察一位保洁员一天都做了哪些工作。

（2）阶段观察法

有些工作的周期较长，不能全程跟踪观察，此时就需要采用阶段观察法，也就是分阶段观察。比如办公室文员，平时的工作和特殊时刻的工作可能不同，比如年终时要筹备总结大会，那么在对办公室文员的工作进行观察时，就需要分平时和年终及特殊工作时刻分阶段观察。

（3）工作表演法

工作表演法用于工作周期很长和突发性事件较多的职位观察。比如，保安人员在从事保安工作时，除了每天的例行巡逻、检查外，可能还经常会遇到消防宣传、治安事件处理、公安机关工作配合等多方面工作，这些工作的观察如果使用前边两种方法，都可能无法获知工作的全貌，那么可以通过让保安人员表演相关活动的过程来对相关活动进行观察。

3. 观察法的实施

为了获得更好的观察效果，观察法通常需要分两阶段进行：一是观察设计；

二是观察实施。观察设计是在观察工作开始前对观察工作的事前设计，目的是保障观察工作的有序进行，同时也确保观察内容不会被遗漏。观察设计阶段的工作主要包括两个方面：一是确定观察内容，以确保在后续观察行为中从哪些方面展开观察和记录；二是设计观察提纲或者观察记录表。

（二）访谈法

1. 概述

访谈法又称为面谈法，是由职位分析人员通过与有关人员或小组进行面对面的交谈，获取与工作有关信息的方法。通过访谈，可以对任职者在工作态度、工作动机等深层次的问题进行了解，能收集到一些用观察法等方法不能收集到的信息，不仅可以作为职位分析的基础，也可以为组织其他管理工作提供帮助。

访谈法是目前在国内企业中运用最广泛、最成熟并且最有效的职位分析方法，也是唯一适用于各类职位分析的方法，尤其是对中高层管理职位的分析具有较好的效果。

2. 分类

访谈法的分类很多，比如根据访谈的正式性，有正式访谈和非正式访谈之分，两者均可以不同程度地获得所想要了解的内容。根据访谈双方人数的多少和关系，有一对一访谈、一对多访谈，还可以是多对多访谈。根据访谈的结构化程度，可分为结构化访谈和非结构化访谈，前者的特点是按定向的标准程序进行，通常是采用问卷或调查表，能够收集全面的信息，但不利于被访谈者进行发散性思维表达；后者指没有定向标准化程序的自由交谈，可以根据实际情况灵活地收集工作信息，但信息缺乏完备性；等等。在实际访谈调查中，往往将多种访谈同时使用。

（三）问卷调查法

1. 概述

问卷调查法是工作分析中广泛运用的方法之一，它是以书面的形式，通过任职者或其他相关人员单方面信息传递来实现的工作信息收集方式。问卷是问卷调查法使用的主要工具，它是指为统计和调查所用的、以设问的方式表述问题的表格。通过科学的问卷设计，再以邮寄、个别分送或集体分发等多种方式，将问卷发放到受访者手中，要求他们按照要求填写问卷，调查者通过统计问卷以获得调查所需资料。

2. **分类**

问卷调查法可以分为不同类型。

按照问卷填答者的不同，可分为自填式问卷调查和代填式问卷调查。自填式问卷调查是将问卷交给受访者，由受访者自己填写问卷的调查方式。按照问卷传递方式的不同，可分为报刊问卷调查、邮政问卷调查和送发问卷调查。代填式问卷调查是访问者按照准备好的问卷向受访者提问，根据受访者的回答代为填写问卷的调查方式。按照与被调查者交谈方式的不同，可分为访问问卷调查和电话问卷调查。

按照调查的结构化程度，可分为结构化问卷调查和非结构化问卷调查。前者是在一定的假设前提下，多采用封闭式的问题收集信息；结构化的问卷具有较高的信度和效度，便于职位之间相互比较。非结构化问卷中的问题多是开放式的，可以全面地、完整地收集信息，能够对不同的组织进行个性化设计，因此具有适应性强和灵活高效的优势，但与结构化问卷相比，随意性较强。

（四）工作日志法

工作日志法是要求任职者在一段时间内实时记录自己每天从事的工作，形成某一工作职位一段时间以来发生的工作活动的全景描述。

工作日志的填写形式可以是不固定的，也可以由组织事先提供统一样式，让员工按要求填写。但不管如何，工作日志要随时可以填写，比如每10分钟填写一次，或者每半个小时填写一次，而不能是下班前集中填写，因为这样可能会记录不全，或者赶着下班而填写不详。

工作日志法的优点是：随时记录，详尽可靠；成本低廉，经济有效；对员工有反省和总结、自我完善提高的功能。但是它也有缺点，主要表现为：员工随时填写，会影响工作；记录烦琐、统计复杂；主观记录，可能产生偏差。

（五）工作实践法

工作实践法是由职位分析人员亲自从事所需研究的工作，亲身体验来收集相关资料。它的优点是能亲身体验获得第一手资料，更加准确地了解工作的实际过程，以及职位对任职者在体力、知识、经验方面的要求。其缺点是通常只适合短期内可以掌握的工作或工作内容比较简单的工作，不适合需要大量培训和危险的工作。

（六）计算机职位系统分析法

这是指用计算机软件来进行职位分析的方法。

在实践中，职位分析者应该根据分析的目的、职位的特点和组织的实际情况，科学合理地选择上述职位分析方法，有效扬长避短，确保信息收集的准确性和全面性。

第三节　职位说明书的编写

一、职位说明书的概述

职位说明书，也称为职务说明书、岗位说明书或工作说明书，是通过职位描述的工作把直接的实践经验归纳总结，并上升为理论形式，使之成为指导性的管理文件。它是职位分析工作的结果，通常包含了职位描述和任职资格两个方面的内容。

职位描述主要是对职位的工作内容进行概括，主要内容包括职位设置的目的、基本职责、职位权限、业绩标准、使用设备等。任职资格要求是对任职人员的标准和规范进行的概括，通常包括该职位的行为标准，胜任职位所需的知识、技能、能力、个性特征以及对人员的培训需求等内容。

二、职位说明书编写常见误区

（一）职位说明书编写的目的不明确

工作分析的目的决定了工作分析的侧重点。即使是在同一个组织当中，当工作分析的目的随环境因素变化时，需要编制的职位说明书侧重点也有所不同。现在有的企业部门和岗位职责不清：有的企业员工没有明确的岗位职责和上岗条件，有的企业有职位说明书但与实际不相符。但是，编写职位说明书到底为了什么、自己所在的企业编写职位说明书的重点在哪儿、如何编写、谁来编写都不清楚，结果是上至总经理，下到员工齐上阵，忙了一通，职位说明书"五花八门"，不能执行。

（二）对编写工作认识不到位

不少企业对工作分析缺乏正确的认识，盲目地随大溜，有的企业由人力资源部门独家"打造"每个岗位的说明书，脱离企业实际状况时有发生。尤其是对任职者资格的界定没有明确的标准，结果职位说明书无法在实际工作中应用，成为企业的"文物"。其实，职位说明书的编写应是一个自上而下的过程，看重的不应仅仅是最终的职位说明书，它的价值更多体现在职位分析的过程。通过职位分析，帮助企业对组织的内在各要素（包括部门、流程和职位）进行全面系统的梳理，帮助企业提高组织及流程设计及职位设置的合理性，并帮助任职者形成对职位及周边环境的系统理解，从而明确各岗位的职责与权限，规范业务流程，以实现提升管理水平的目的。所以，在编制职位说明书时，应得到全体员工的支持、参与和理解。但在实际中，不少企业在开展这项工作时并没有与员工进行充分交流，让员工充分参与，所以作用不大。

（三）缺乏系统思考

岗位是企业的最小工作单位，承担着组织战略目标实现的重任。因此，作为工作分析的结果文件——岗位说明书应能体现战略与现实的统一。而且每项工作是流程中的一个节点，好的职位说明书不应是一个孤立的单元，而应使其成为一个相互关联的体系，职位说明书的各个职位之间必须相互衔接才能保证整体工作的协调配合。因此，编写工作说明书时应从流程入手，界定职位主要职责，实现流程优化的目的。但现在好多企业在编制工作说明书时，只看眼前，缺乏系统思考，没有对工作流程进行梳理，造成工作说明书不符合现实，部门和岗位职责有交叉，或者没有体现流程之间的关系，造成工作中岗位职责不清，领导管理范围交叉，员工不知道该听谁指挥的问题。

（四）用语不规范

职位说明书编写工作是人力资源管理工作中的一项专业技术工作，是一项专业性要求非常高的工作，职位说明书的很多项目需要以规格化的模式和语词加以描述，但大部分企业都缺乏对参与该项工作人员的专业培训，所以编写出来的职位说明书存在大量表述不准的情况。特别是岗位的概述、职责、工作能力要求、基本技能要求等描述不准确。比如，笼统地使用"负责、全面负责、相关工作、管理、提高、完成"等模糊概念的词语，造成职位不同但工作说明书的描述却很相近，使相近岗位间无法明确自己的准确职责。

（五）任职资格描述不符合岗位要求

任职资格包括对任职者从事该职位必备的知识、经验、能力、素质等要求，必要时可加以适合该职位的理想资格和条件，所列出的资格条件都需要与职责要求相对应。但现实中一些企业在分析任职资格时，不是以岗位要求为基础，而是以任职者为基础，或者掺杂了现在任职者的影子，导致任职资格描述不符合岗位要求。

三、职位说明书的内容

职位说明书并不存在标准的格式版本，每个组织的职位说明书都可以有不同的样式和内容。在编写时，既可以用表格形式呈现，也可以用叙述方式表示；内容表述要准确恰当，不能模棱两可；内容可简可繁，根据需要调整；应尽可能运用统一的格式，注意整体协调，做到美观大方。

一般来说，职位说明书可能涉及的内容如下：

（一）职位标志

相当于职位标签，能将某一特定职位进行直观区分，通常的内容包括职位名称、职位所属部门、职位薪点、上下级关系等。

职位名称应简洁明了，尽可能全面准确反映地职位的主要职责、内容，也容易让初次接触该职位的人通过名称了解该职位的工作内容。职位所属部门与组织结构的设计紧密相关，同一个职位，在不同的组织中可能分属于不同的部门。职位薪资可用于薪酬管理中的薪资等级界定。上下级关系也与组织结构有关，可以表明该职位与其他职位的指挥、汇报关系。

（二）职位概要

这是用一句话来描述该职位的主要工作职责。概要的描述应当是具体的、特定的，而不能写得虚无、笼统。比如，人力资源总监的职位概要可以描述为："规划、指导、协调公司的人力资源管理与组织建设，最大限度地开发人力资源，促进公司经营目标的实现和长远发展。"绩效考核主管的职位概要可以描述为："组织实施公司全员绩效评价制度及年度评价工作，保证评价工作的及时性和质量。"

（三）职位职责

这是对任职者在该职位上应当承担的具体职责、所须完成的职位活动或职位内容进行的描述。

职位职责描述通常需要分步骤进行。首先，要将职位所有工作活动划分为几项主要职责；其次，再将每一项职责进一步细分，分解为不同的工作任务；最后，进行归纳描述。比如，在对普通大学教师的职位进行描述时，首先可以将其工作活动划分为教学、科研、学生指导和学校服务等几个大的方面，然后在这几个方面再进一步分解，比如将教学分解为了解学生状况、备课、授课、作业、考核等几个具体工作内容，最后再对这些工作进行描述。

在具体描述时应当注意如下问题：

1. 按照"动词+宾语+目的状语"的格式进行描述

比如,要描述人力资源部经理的人力资源战略工作的职责,可以描述为:"负责组织制定人力资源战略和人力资源规划,保证为公司的发展战略提供有效的人力资源支持。"其中,"负责组织制定"是动词,表示工作任务是如何开展的;"人力资源战略和人力资源规划"是宾语,表明活动的实施对象,这个对象既可以是人,也可以是物或事,此处的宾语有两个,可见工作内容可能不止一个;"保证为公司的发展战略提供有效的人力资源支持"是目的,是阐明实施前边动作的目的性。

2. 准确使用动词

动词是职位职责描述的关键,必须准确使用动词。比如,上例在描述人力资源部经理的人力资源战略工作的职责时,如果描述为"负责人力资源战略和人力资源规划……"就不准确。虽然"负责"也是一个动词,但这个词所包含的意义比较广泛,它既可以是"负责制定",也可能是"负责执行",还可能是"负责统筹",所包含的意义就不准确。因此一定要加上"制定"两个字。

(四)业绩标准

这是对每个职位应当做出何种成绩,及如何判定任职者工作优劣的标准进行阐述。职位不同,所进行的描述也有所不同。在描述时应当尽可能量化,但并非所有职位都可以进行量化,在描述时要灵活处理。

(五)职位关系

职位除了要与上下级处理好直线关系外,为了保证工作顺利开展可能还需要处理好与其他相关岗位甚至是组织外部相关单位的关系。在这种关系描述时,需要阐明职位上的任职者会与哪些相关岗位打交道、会处理哪些关系,同时还需要对联系的频繁程度、每次接触的目的及这些关系的维护对组织的重要性进行说明。

(六)职位权限

这是对职位的权限范围进行描述,如决策的权限、对其他人的监督权限、经费管理权限等。比如，是否有权批准下属的事假和病假、是否有权动用一定金额的经费开展业务等。通常包括如下三个方面：

①人事权限。如人员雇用、配置、考核、奖惩、考勤等方面的权限。

②财务权限。具体包括与业务有关系的财务权限，如物资采购；支持业务而开展的相关财务权限，如差旅费、招待费的报销等。

③业务权限。这是为了业务的开展必须具备的权力资源，如批准方案的实施、向上级提出的建议等等。

（七）使用设备

这是该职位要顺利开展工作，需要使用哪些设施设备、工具仪器。

（八）工作环境和条件

包括职位开展工作的时间要求、地点要求和工作的物理环境条件等。如室内工作还是室外工作、职位环境中是否有危险因素等。

（九）任职资格

这是对胜任该职位的人应当具备的条件进行描述。通常包括对任职者的专业背景、受教育程度、工作经验、技能等方面的规定。

（十）其他信息

这是对需要说明的其他情况进行的说明。

第三章　员工招聘和选拔

第一节　员工招聘意义

一、招聘的基础知识

（一）招聘的概念

招聘是组织在人力资源规划和职位分析的基础上，从组织内外寻找合适的求职者填补组织空缺职位的过程。一般来说，招聘可以分为征召、筛选和聘用三个环节，征召是指在组织职位出现空缺时，通过各种途径发布人员需求信息，吸引各方人力资源前来应聘的过程；筛选是接受简历，对应聘者进行初步筛选以确定初步合格者，并按照职位要求对初步合格者进行选拔，确定符合组织要求人选的过程；聘用是在敲定由谁来充任职位的基础上，与他签订劳动合同、办理入职手续，最终完成招聘环节的过程。

（二）招聘的作用

招聘是人力资源规划和职位分析的深化和发展，在整个人力资源管理流程中起着承上启下的关键作用。只有通过招聘为组织招揽到足够承担工作的员工，组织的各项工作才能顺利展开，后续的培训与开发、考核与激励、薪酬管理和职业生涯规划等活动的实施才有对象。同时，招聘也是组织与社会人才市场进行沟通的重要渠道和手段，很多组织在招聘中就融入了组织形象塑造、组织公关活动开展等诸多非人力资源管理职能，为组织的全方面发展起到重要的推动作用。具体来讲，招聘的作用可体现在如下两个方面：

1. 招聘对组织运营和管理的重要作用

招聘对组织运营和管理的作用主要表现在以下三个方面：

（1）补充人员，维持人力，保证组织正常经营

任何组织的运营都离不开人力的支持，但随着组织的发展，其人力资源的消耗是必然的，员工的离职、退休等都会导致组织中的某些岗位出现空缺；而组织如果要扩大规模或展开多元化经营，一定会产生很多组织中原先没有的新的职位；这些情况下都需要由招聘来补充组织所需要的人员、填补空缺岗位、维持人力，确保组织的正常运营。当然，组织需要招聘的情况并不仅仅如此，比如，如果组织的经营方式转变，组织内部出现了人力资源结构不平衡，现有的员工不能满足组织发展的需要，而通过培训等其他方式也不能适应发展需要时，组织可能一方面会进行解聘和裁员，而另一方面又需要进行员工的招聘，两者同时进行，才能完成人力资源的置换。

（2）吸引人才，提升组织经营业绩

在当今世界竞争日益剧烈的情况下，人才成为赢得竞争的最根本因素之一；哪个组织能够在人才的竞争中获胜，它就会在激烈的竞争中立于不败之地。而这些人才除了由组织自己培养外，另一个重要的获取途径就是招聘。科学的招聘不仅能为组织找到所需的普通人力资源，也能考察这些人力资源的发展潜力，为组织吸引足够多的人才，提升组织经营业绩。

（3）宣传企业，树立组织形象

组织的招聘过程不仅是为自己寻觅人力资源的过程，也是向全社会展示自己风采的过程。组织在利用广告、大型招聘会、校园招聘等途径进行招聘时，都是有效树立自己光辉形象的好机会，组织应当充分利用这些机会，将招聘与公关、广告和宣传等活动紧密结合起来。因此，组织在招聘中应当重视对招聘队伍的选择和培训，做好招聘中的每个环节控制，不仅在招聘中寻找到组织所需要的人才，还向社会树立良好的组织形象。

2. 招聘在组织人力资源管理中的作用

招聘在人力资源管理作业活动中的作用是承上启下的。它一方面是对人力资源规划和职位分析的继续，是对人力资源规划中招聘计划的具体落实，而人力资

源招聘结果也是制订人力资源规划的依据；职位分析的任职资格是招聘中人员选拔依据，招聘过程和结果也可考查职位分析的科学性。在人力资源招聘的基础上，人力资源管理中的培训与开发、薪酬管理、绩效管理等后续工作才能顺利开展。当然，招聘工作也会在一定程度上受到后续工作的影响，比如，对于人力资源管理部门的员工来说，招聘工作本身也是其自身绩效之一；组织的薪酬水平如何，会对招聘工作的成败产生影响，而招聘进来的员工素质高低，又影响着他们的薪酬水平，也影响着他们是否需要培训以及进行何种培训。

（三）招聘工作中的注意事项

组织在开展招聘工作时，需要注意以下一些事项：

1. 科学选人，为组织招到合适的人

组织在招聘和选拔人力资源的过程中，应当按照科学的标准招人和选人，而不能流于形式，招聘那些与组织职位需求相差太远的员工。一方面，组织肯定不能招聘那些条件远不如组织职位需要的人，因为他们不符合组织的职位，需要进行足够的培训方能开展工作，提高组织的运营成本；另一方面，也不能招聘那些条件远超过职位需要的人，这会导致"高能低配"，既会增加薪酬等人工支出，也可能导致过高的跳槽率，当然这也是对人才的浪费。同时，组织招聘还不能招那些能力和条件都与组织需要不相符合的人，比如，一个计算机天才，偏偏要让他去做管理，他可能不一定能做好这个工作，同样也会造成人力资源的浪费。

2. 重视效率和成本控制

招聘是会产生成本的，这些成本既包括与招聘工作直接相关的广告费用、场地费用、交通费用、宣传材料费用、差旅费用等，也包括与招聘工作相关的费用，比如招聘失误给组织带来的培训成本增加、员工流失率增大、重新招聘费用增加等等。因此，在招聘时要严格做好计划，把好各个关口，通过恰当的招聘渠道，运用科学的招聘和选拔方法，从各方面降低招聘成本，提高招聘效率，解决组织的人力资源需要。

3. 符合法律法规，依法办事

招聘是一个双向选择、公平竞争的过程，各个国家和地区都对组织的用人问

题出台了政策和法律，组织在实施招聘的过程中务必要遵守这些法律法规。比如，不得发布虚假招聘广告，不以欺骗、胁迫等手段与应聘者建立雇佣关系，不搞暗箱操作，应公平竞争、择优录用，要与求职者签订劳动合同，要按规定给任职者缴纳规定保险，等等。

二、招聘的流程

（一）确定招聘计划

招聘计划是在组织产生了招聘需求的基础上产生的，而招聘需求是在人力资源规划和职位分析的情况下产生的。按照人力资源规划，如果组织的人力资源出现了缺口，那么就应当依据职位分析的结果来制订招聘计划。具体来说，招聘计划的内容应当包括招聘的目的、职位的描述、招聘的条件、招聘的渠道、招聘的进程、新员工入职时间、招聘经费预算等等。以下五项工作是本阶段的重要事务。

1. 组织现有职位和员工的情况分析

严格来说，这是人力资源规划和职位分析的内容，主要是明确组织是否有必要开展招聘工作。具体来说，在这个阶段要弄清楚以下一些问题：现有的工作职位的数量与分布、工作和职位的任职要求、现有员工在各个岗位的分布情况、现有职工的详细资料等等。这些资料既可以是人力资源管理部门根据手中的资料进行分析，也可以是向各个用人部门进行咨询后汇总的数据。因此，从这个角度来说，招聘需求有很大部分是来自用人部门的申请或需要。

2. 组织目标和组织计划的分析

招聘工作只是组织全部工作的一个很小部分，其目标也要围绕着组织目标的实现而开展。因此，在进行人力资源招聘前，在明确了招聘需求的基础上，还需要对组织的目标和计划进行分析。比如，如果组织在近期并没有大规模扩张的计划，那么在招聘中可能只需要满足组织当前的人力资源需要即可；而组织如果有扩张预期，那么在招聘中不仅要考虑当前的人力资源需要，还要考虑未来扩张的人力资源需要。

3. 劳动力市场分析

这是对劳动供给方的预计，不同的供给状况决定了不同的招聘渠道、方式方法，所以必须对劳动力市场状况进行分析。这个工作在人力资源规划中已有结果，在分析时可以借用前边的工作成果，也可以结合那些情况仔细分析当前的供给状况。比如，如果外部劳动力市场供给充足，那么在招聘的紧迫性、渠道、广告、薪酬等方面都与外部劳动力供给紧张时有所不同。

4. 研究国家和地方的用人法律法规

在制定政策之前，要对这些法律法规进行充分的研究。这项工作在跨文化经营和跨国、跨区招聘等方面尤其重要。

5. 拟订人员招聘计划

拟订人员招聘计划包括招聘人数、录用标准和招聘对象等方面的计划。这个计划中涉及很多招聘策略的选择和拟订。

(二) 确定招聘策略

招聘策略是为了实现招聘计划而采取的具体手段和措施，在正式执行招聘方案前，要将具体的策略考虑清楚，并写进招聘计划中。具体工作包括招聘队伍的组建、招聘时间和地点的确定、招聘渠道选择以及招聘的宣传策略的制定等。

1. 招聘队伍的组建

招聘队伍不仅影响到招聘工作的绩效，也是组织形象的重要代表，能在很大程度上影响社会各界对组织的印象。因此，组建招聘队伍是一件理应慎重的事情。不同情况下的招聘队伍应由不同的人员组成，一般来说，招聘组成人员应包括组织人力资源部门的人员、用人部门的主管、招聘岗位的同事等。无论是哪些人参加到招聘队伍中来，他们都应当具备以下一些特征和素质：

①有良好的个人形象，有良好的个性品质和修养，有良好的自我认知能力；

②有丰富的社会经验，善于把握人际关系；

③有相关岗位的专业知识，有一定的人力资源知识；

④熟悉各种招聘、面试技巧，掌握人员甄选技术；

⑤能有效应对各种招聘者，控制招聘进程；

⑥能客观公正评价应聘人员。

2. 招聘时间、地点的确定

（1）招聘时间的确定

何时招聘不仅会影响到招聘的成效，也会影响到组织相关工作的进程。在确定招聘时间时通常要考虑两个方面的因素：一是人力资源需求因素；二是人力资源供给因素。

①从需求方面考虑人力资源时间。

招聘日期＝用人日期－准备周期＝用人日期－培训周期－招聘周期

其中，培训周期是指对新招员工进行上岗培训的时间；招聘周期指从开始报名、确定候选人名单、面试，直到最后录用的全部时间。

②从人力资源供给方考虑招聘时间。这是看人力资源市场上的劳动力何时求职。一般来说，在我国春节后有很多人外出求职，大中专院校学生毕业前的三四月份，毕业后的6—8月份，以及实习生产的10—11月份等，都是人力资源市场供给相对充足的时间，组织的常规性招聘可以选择在这些时间进行。

（2）招聘地点的选择

招聘地点主要涉及两个层面：一是在哪些地域范围内选择人力资源；二是在什么地点展开招聘工作。在地域选择上，要根据人才分布规律、求职者活动范围、人力资源供求状况及招聘成本的大小等来确定。一般的招聘地域选择规则是：高级管理人员和专家在全国甚至跨国招聘，专业人员跨地区招聘，一般办事员及蓝领工人常在组织所在地招聘。而对于具体的招聘地点，如初试地点和面试地点等，应根据不同的招聘岗位、对象和实际情况来决定，如一般员工的校园招聘，可以将招聘和面试地点就设在高校校园；而专门人才的招聘则应当提高规格，在组织内部的专门场所或宾馆酒店及其他正式场所安排会见。

3. 招聘渠道的选择

招聘渠道是指组织从何处获得所需的人力资源，大致上可以分为内部来源和外部来源两个方面。

4. 招聘中的组织宣传

无论是将招聘看成是补充人员的重要渠道，还是将其视作为组织宣传的契机，招聘的宣传都是一项十分重要的工作。组织应进行高效率的组织宣传，一方面，要通过树立组织良好的形象去影响求职者；另一方面，也要通过招聘过程树立更好的组织形象。

5. 招聘费用的估算

一般来说，招聘费用应考虑如下四项费用：

①招聘渠道费用：这是指支付给各种招聘渠道的费用，包括需要渠道支持及完全外包给外边组织的费用，如广告费、场地费等。

②参与招聘工作的人工成本：主要是支付给招聘人员的工资、福利、差旅费、加班费等。

③招聘、筛选流程管理成本：如资料费用、耗材费用、通信费、临时租用设备费用、应聘者的体检费、入职相关费用等。

④错误决策所导致的额外费用，如错误录用所导致的重新招聘等费用。

（三）发布招聘信息

发布招聘信息是利用各种传播工具发布岗位信息、鼓励和吸引人员参加应聘。组织应当根据面向内部或外部的不同招聘对象，选择最有效的发布媒体和渠道传播信息。在发布信息时，应当遵循如下原则：

1. 广泛原则

也就是招聘信息应该尽可能在大范围内发布，因为信息发布得越广，接收到该信息的人就越多，应聘人员中符合职位要求的人的概率就会越大，也越能实现"优中选优"的目的。

2. 及时原则

招聘信息应该尽早发布，因为发布的时间越早，越可能被更多的人知道招聘信息，前来应聘的人也可能越多；同时，及时发布招聘信息有利于缩短招聘进程，并有利于更多的人获知信息。

3. 层次原则

如果信息不分重点地群发，不见得能有好的效果。对于特定的岗位来说，潜在的应聘人员多处于社会的某一个层次，在发布信息时，要向这个层次进行重点发放，提高招聘的有效性。

4. 真实原则

这是指在发布招聘信息时，不要过度夸大或隐瞒事实，要做到所发信息客观真实，否则，应聘者可能有被欺骗的感觉，在入职后可能有较高的流失率；同时，虚假招聘信息也不利于组织形象的塑造。

5. 全面原则

这是指组织所发布的招聘信息应当尽可能全面，除了要提供有关职位本身的信息外，还要尽可能多地提供其他相关信息，如组织历史、前景、组织文化等方面的信息。应聘者对组织了解得越多，越有助于他们做出判断和选择，也越有利于招聘成本的控制和招聘效率的提升。

（四）甄选应聘人员

在发出招聘信息并收到大量应聘者的应聘申请后，选拔工作就开始了，也就是从诸多应聘者中选出符合组织需要的人来。这个过程比较复杂，技术性也较强，可算是招聘过程中的关键环节。

一般情况下，这个阶段的工作又可以分为不同的环节，通常会按照如下步骤进行：第一，招聘人员要审查各个求职者的申请表，从中初步筛选出那些满足最低应聘条件的人员；第二，安排对候选人的测试，如面试或笔试，如有必要，还可能参加其他类型的测验；第三，对通过测试的应聘者进行背景调查，比如向应聘者原先学习或工作的单位了解其学习和工作状况；第四，如有必要，可从中优选出应聘人员接受主管经理或高级行政管理人员的面谈；第五，通知合格人员做健康检查。

（五）录用决策

多数情况下，在通过甄选阶段后，多数组织在招聘时还会有员工试用的环节。在决定试用前会与求职者签订试用期合同，并向其发出上班试用的通知。在通知中，一般要写明新员工的上班时间、地点和向谁报到，并向他们说明如何办理相关手续。对于试用期合格的人员，组织人力资源部门应当与他们签订正式的劳动合同，办理转正手续和相关保险、人事档案、组织关系等手续。

（六）招聘评估

招聘评估是对进行过的招聘过程做总结和评价，并将有关资料整理归档。涉及的工作有对招聘的成本和效益进行评估，对招聘人员的能力、技巧和工作成效进行的评估，对招聘、选拔方法和技术的有效性进行评估，等等。具体来说，在这个环节要做好以下三个方面的工作：

1. 招聘成效评估

成效评估主要是对招聘的成本和效果进行评估。

（1）招聘成本评估

招聘成本评估是对招聘过程当中所产生的费用进行检查和核实，并对照预算进行评价的过程。招聘成本可按照预算制定时的种类来进行核算和归类，通常用招聘单价来进行评估：

$$招聘单价 = 招聘总成本 / 录用人数$$

这意味着如果招聘成本低，录用人员质量高，录用人数多，则招聘效率就高；反之就低。

（2）成本效用评价

对成本效用评价通常采用以下指标：

$$总成本效用 = 录用人员 \div 招聘总成本$$

$$招募成本效用 = 应聘人数 \div 招募期间的费用$$

$$选拔成本效用 = 被选中人数 \div 选拔期间的费用$$

2. 录用人员评估

录用人员评估是根据招聘计划对录用人员的数量和质量进行评价的过程。为此要计算和评价招聘效果的量和质的有关数据，具体计算如下：

（1）录用比公式为：

$$录用比 = 录用人数 / 应聘人数 \times 100\%$$

录用比值越小，相对来说录用者的素质就可能越高；反之，录用者的素质则可能越低。

（2）招聘完成比

公式为：

$$招聘完成比 = 录用人数 ÷ 计划招聘人数 × 100\%$$

招聘完成比等于或大于100%，则说明在数量上全面或超额完成了招聘计划。

（3）应聘比

公式为：

$$应聘比 = 应聘人数 ÷ 计划招聘人数 × 100\%$$

应聘比越大，说明发布招聘信息的效果越好，同时说明录用人员的素质较高。

3. 撰写招聘总结

在上述评估的基础上，招聘负责人要撰写出招聘总结，对招聘过程中的成功与失败进行说明，并对今后工作的改进提出建议，以期望下一次能组织更有成效的招聘。

在招聘撰写时要注意以下三个问题：一是由招聘主要负责人撰写而不是随便指定一个员工撰写，因为只有招聘主要负责人才能了解招聘全貌，其总结的结果才可信；二是在总结中要全面反映招聘的全过程；三是要明确指出招聘中的主要成绩和不足之处，并指出今后的改进方向。

招聘总结的内容并没有固定格式，但多数情况下应该包括招聘过程介绍、招聘结果介绍、与招聘计划进行的对比分析、招聘效果评价、成功和不足之处、今后的改进建议等。

第二节　员工招聘渠道

一、内部招聘

内部招聘是指在出现人力资源需求时，组织通过在组织范围内部发布招聘启事，从内部寻找合适人力资源的过程。

（一）内部招聘的优缺点

1. 内部招聘的优点

（1）组织与员工相互了解，招聘风险较小

组织的内部招聘中，员工和组织相互了解，能有效避免外部招聘中彼此不了解所带来的风险问题；同时，由于现有员工对组织的文化和制度都比较了解，能避免外部员工进入可能出现的与组织文化无法融和的问题，能有效降低员工的离职率，提高其满意度。

（2）为组织现有员工创造职位选择机会，有利于调动大家的工作积极性

组织的内部招聘是面向现有员工的，能给现有员工重新选择合适岗位提供机会，因而有利于调动大家的工作积极性。这种职位变化有两种可能：一种是横向职位变动，有些员工在进入组织时可能并没有获得自己心仪的岗位，或者在工作一段时间后发现自己并不适合该岗位，或者是自己工作一段时间后打算换一个工作岗位，那么内部招聘给他们提供了职位变动、选择自己心仪岗位的机会；另一种是纵向职位提升，组织的管理岗位招聘，给组织内现有员工提供了升职机会，有助于对那些想在管理职位上发挥更大作用的员工起到较大的激励作用。

（3）可以利用现有人事资料简化招聘录用程序，招聘成本低、效率高

相比于外部招聘来说，内部招聘的成本更低、效率更高。比如，现有员工的各项基础资料在组织的人事资料中已经具备，在内部招聘中可以直接使用这些资料；招聘的员工不再需要对组织背景和文化等方面的基础培训，可以减少培训费用和培训时间，使员工可以快速进入新岗位；等等。

2. 内部招聘的不足

（1）近亲繁殖，容易导致组织封闭

内部招聘最大的问题之一是近亲繁殖，由于员工和组织太熟悉，无法发现组织运营中存在的问题，也无法产生新观念和新思想，在组织的发展中容易出现故步自封、失去自我革新的机会，很显然这不利于组织在激烈的竞争环境中的快速发展。

（2）容易引发内部矛盾，破坏团结，恶化人际氛围

如果空缺的岗位不多，而有很多员工都愿意加入该岗位，那么就会导致激烈的内部竞争。这种竞争一方面可能破坏团结，使大家在职位争夺上钩心斗角，在组织内部形成小团体，破坏和谐局面；另一方面，也可能使大家无心于现有工作，将主要精力集中在彼此斗争中，破坏组织政策运营。同时，对于一些优秀人才，组织内部各部门之间还可能彼此挖墙脚，出现"本位主义"，不利于各个部门之间的团结合作。

（3）员工角色转化不易

从内部招聘有可能会导致员工的角色转化困难。这种困难可能主要来自两个方面：一是员工自身角色不易转换；二是囿于人际关系所导致的角色难以转换。比如，之前该员工和大家都是普通工人，现在做了主管后，自己觉得不好意思对原有的工友执行各种管理制度，也不好意思分配任务，所以导致新角色无法实现；而如果该员工对自身角色认识清楚，一上岗之后马上雷厉风行地展开工作，又可能导致原有工友的不适应，认为他"拿着鸡毛当令箭"，不愿意听从他的意见，或故意抗拒执行，导致新角色难以真正有效地开展工作。

（4）可能形成不正之风

组织的内部招聘，尤其是管理岗位的招聘，容易出现一些裙带关系、帮派之风等不良风气，即使是公正招聘也可能出现一些人对于公正的流言蜚语。如果不正之风经常盛行，或者小道消息不能得到有效控制，那么很容易导致组织内部凝聚力下降，更容易导致组织中优秀人才的流失。

（二）内部招聘的常用方法

如果要使用内部招聘补充人力资源，组织可以采用以下方法：

1. 内部公开招聘

这是当组织内部出现职位空缺时，通过内部广告、通告等方法，面向组织内部所有员工进行的公开招聘，只要条件符合的员工都可以自由报名应聘。在经过人力资源部门组织的相关选拔程序后，即可确定录用。常见的组织内部竞聘就是这样的形式。

2. 内部晋升

这是将现在表现良好、有发展潜力并符合条件的优秀员工提升到更高职位，承担更多职责的方式。这种方式不一定要通过民主程序，可由相关部门直接任命和提拔，对于激励员工十分有利。

3. 岗位轮换

岗位轮换既是内部招聘的方法，也是职工培训的重要方法。本节主要介绍其在内部招聘方面的作用。所谓岗位轮换，是让职工（干部）轮换担任若干种不同工作，进而考察他们适合哪一种工作，达到开发职工的多种能力、进行在职训练、培养主管的目的。通过岗位轮换，有助于更好地实现人岗匹配。

4. 临时人员转正

如果组织职位出现空缺，而现有临时人员又符合条件，那么可以通过规范程序，将临时人员转正。这种做法一方面可以补充组织现有人力资源需要；另一方面，也是对临时人员的激励，可以有效提高临时人员的工作积极性。

二、外部招聘

外部招聘是当组织出现职位空缺时，通过向组织外部发布招聘信息，向社会寻求人力资源补充的方法。外部招聘能为组织带来最广泛的人力资源选择，当组织在激烈竞争环境中或外部环境发生剧烈变化时，应优先考虑从外部招聘人才。

（一）外部招聘的优缺点

1. 外部招聘的优点

（1）选择范围更广，更利于招到优秀人才

从人力资源的供给数量来看，外部供给无疑比内部供给要大很多。因此，组织在外部招聘中可以获得更广泛的人力资源选择范围；同时，大量的选择范围也可能带来更多的优秀人才，提高组织选中优秀人才的概率。

（2）有利于输入"新鲜血液"，为组织带来新思想和新方法

外部招聘的人力资源不仅可填充组织的职位需要，也能为组织带来"新鲜血液"，把新的观念、新的思想和新的技术带进组织，为组织的发展注入新的活力，

激发组织的创新和变革，以更好地适应外部环境的变化。

（3）有利于缓和内部竞争和冲突，维持组织内部和谐氛围

由于从外部招聘入手，对于现有员工来说，他们之间的和谐关系不会受到威胁，彼此之间的友好氛围能够得到持续。

（4）有利于激发现有员工的斗志和潜能，产生鲇鱼效应

外部进入的优秀人才能给组织现有人力资源形成压力，激发他们的危机意识，刺激他们的斗志和潜能，促进大家共同进步。

（5）有利于树立良好的企业形象

在外部招聘中，组织会通过广告、公共关系等手段与社会各界发生关系，并借助这些机会在公众中树立良好的企业形象。

2. 外部招聘的不足

（1）招聘成本较高

在外部招聘中，会涉及较高的招聘费、广告费、测试费等，还会动用大量的人力、物力，通常也会消耗比较长的时间，新录用的员工在进入组织中正式上岗前，还需要经过复杂的人事手续和入职培训，所需要付出的成本较高。

（2）招聘风险大

由于外部招聘时对外部人员的录用多取决于其自己提交的各项材料和面试及相关测试结果，对他们的深入了解程度不够，因此很容易在录用时做出错误的决策，出现"误弃"或"误录"的情况。比如，一些在招聘环节中看起来表现优秀的应聘者在实际岗位中却表现平平，而一些被弃用的应聘人员却在别的组织中表现优异等。

（3）外部招聘的员工容易出现"水土不服"

一些确实优秀的员工，由于难以适应组织的文化和制度，可能在实际工作中会出现"水土不服"的情况，导致他们的才能难以在组织中得以真正施展。同时，外部员工尤其是"空降管理者"的进入可能会招致现有员工的不合作或敌视，导致他们的才能难以得到施展。

（4）可能会影响内部员工的积极性

一些大家都想获得的岗位，比如管理岗位最终由外部招聘的人力资源获得，这会使现有员工的工作积极性大受挫折，认为自己对组织的付出是不值得的，也

容易招致他们与外部进入者的冲突。

（二）外部招聘的方式

1. 媒体广告

组织的外部招聘经常采用媒体广告方式，是通过广播、报纸、电视和行业出版物等媒体向公众传送组织的就业需求信息，进行招聘员工的过程。通过媒体招聘，组织能实现各种工作岗位人力资源的需求，一般有以下四种形式：

（1）报纸广告

就是组织利用报纸作为媒介来进行招聘。报纸作为常见的媒体形式，在招聘中的优点有：内容详尽，可以自由安排内容；报纸发行量大，通常集中于特定地域或特定群体，有一定的针对性；报纸通常有专门的栏目分类编排，便于求职者查找；报纸易于保存；广告发布价格不高；等等。其缺点有：报纸内容太多，容易被求职者忽略；报纸的阅读者越来越少，有被移动媒体代替的趋势。如果组织的招聘岗位需求量大，且要求不高，潜在应聘者集中在某一地域范围内时，可以采用报纸进行招聘广告的投放。

（2）专业杂志

这是组织通过一些专业杂志招聘人力资源的形式。专业杂志的优点是其读者群体的固定性，如果组织恰好就需要杂志的阅读者来补充组织的人力资源，那么就可以通过杂志发布招聘信息，针对性十分强，且内容丰富具有灵活性，杂志也易于保存。其缺点是：发行地域太广，预约周期较长，且阅读群体太过集中。如果组织只招聘某些专业化人员时，可采用杂志广告。

（3）广播电视

这是组织通过广播电视来进行招聘广告投放的方式。其优点有生动活泼，容易吸引人，可在短时间内重复播放，加深受众印象，且传播范围大、所需时间短，能快速将招聘信息发布到社会大众中去。缺点是承载的信息有限，缺乏持续性，信息不易保存，成本高昂。如果组织需要大量求职者，需要迅速扩大影响并且不计较成本时，可以使用广播电视来进行招聘广告的投放。

（4）现场宣传

这是组织在招聘现场，如学校招聘会、大型招聘会现场发放宣传资料。其优点是：广告的到达率高，一般来现场的人可能都是潜在求职者；形式灵活，制作精美，有益于组织形象宣传；易于保存；通常价格不贵。缺点是发放范围有限，只能对到场的求职者发放。在有机会与求职者面对面交谈，而现场又不能实现充分的交流，或求职者需要慎重考虑时，可以配合使用这些资料。

此外，还有海报、广告牌、交通工具广告等形式也都比较常用。总体上来说，通过媒体广告投放进行招聘，多属于海量投放信息、被动等待求职者上门的招聘形式。如果要让这种形式奏效，广告的设计和媒体的选择都很重要。

2. 网络招聘

在网络技术高度发达的今天，组织通过网络进行招聘是一种成本低、时间短、见效快的有效招聘手段。网络招聘的优点有方便快捷、成本低廉、突破了区域限制、形式灵活等等。但是，网络招聘也有一些不足，主要有：并不是所有人都会上网，因此网络招聘不能解决组织中所有职位的人力资源需求问题；网络信息太多，且真伪难辨，可信度不高，容易失去一些有价值的人力资源；由于网络简历投放廉价，一些不诚信的应聘行为时有发生，可能给组织的招聘工作带来麻烦。

当前，常见的网络招聘渠道有以下六种：

①在组织网页上发布招聘信息。有些组织有自己的官方网站或网页，通过这些官网发布信息，能增强信息的权威性，且专门访问官网的应聘者通常对本组织都比较关心。但是官网的访问量较小，且只有熟悉本组织的人才会访问官网。

②注册成为人才网站会员，在专门的平台上发布信息。专门的人才网站访问量很大，能吸引较多的求职者访问，易于信息的扩散，容易使组织在较广范围内选择人员。但是，这些网站上的信息量太大，本组织的信息容易被淹没，且需要向这些平台缴纳相关费用。

③在一些专业网站发布招聘信息。如果组织要招录特殊人才，可在一些专业网站上去发布信息。这些专门网站的专门群体访问量大，能有较大机会招录到特殊人才。

④在一些访问量大的网站做招聘广告。一些组织会选择那些访问量大的网站发布招聘广告，也能取得较好的效果。

⑤通过网络猎头公司招聘。专业的网络猎头资源十分丰富，且招聘技能独

特，效益很好，因此可借助网络猎头公司帮助招聘。

⑥利用搜索引擎和相关网络手段自己在网上搜罗人才。如在一些专业网站、BBS、社交媒体等渠道中发现专门人才。

3. 中介机构推介

这是利用中介机构开展的招聘活动。中介机构有很多，包括各种职业介绍所（如政府办的公共职业介绍机构、私人或民间的职业介绍所）、人才交流中心、各级教育机构（大、中专学校）、行业工会及猎头公司等。

(1) 中介机构推介的优缺点

这一来源的优点有：可从这些中介机构处直接获得应聘者的有关资料，如学历、经验、偏好等，可节省招聘经费、缩短招聘周期；这些中介机构能推介大量可能合适的应聘者，但组织仍有自主选择权，仍可按照公开考核的方式择优录用。

这一来源的缺点是：这些渠道通常只能招聘到普通职位的人力资源，而专业技术人员或特殊人才很难获得；需要给这些中介机构支付费用，增加了招聘成本。

(2) 与中介机构合作时需要注意的问题

需要向他们提供一份精确而完整的职位说明书，以方便他们确定招聘或推荐人手的条件；限定就业机构在筛选过程中所使用的程序或工具，以确保他们按照组织的要求来确定人手；定期审阅那些被接受或否决的候选人员的材料；最好能与一到两家就业服务机构建立长期性的关系。

(3) 特殊的专门机构：猎头公司

猎头公司是为组织搜寻高层管理人才和关键技术岗位人才的招募服务组织。一些高层管理人才和核心技术人才通常都拥有较好的职业，因此他们的求职动机不强，此时，猎头公司往往可以利用他们的挖人技术，给本组织挖到合适的高级人力资源。

使用猎头公司的优点有：猎头公司承担了为空缺职位所做的一些初期性广告工作，并且对一开始可能是数百人的申请者进行预先筛选，能为组织高层管理人员节约大量的招聘时间。它的缺点是：需要支付较高的费用。但是，如果能成功招揽到所需人才，他们能为组织所做的贡献可能远超过这笔费用。

在与猎头公司合作时，应当选择信誉良好的猎头公司，并与该公司建立良好的合作关系，明确收费等情况，保持与他们主要的负责人长期联络。

4. 人员推荐

这是指在职位需求存在时，通过相关的推荐来满足人力资源需求的情况。可分为熟人推荐和同业推荐两种情况。

（1）熟人推荐

熟人推荐是本组织的雇员及其朋友、同学、亲戚等为组织推荐人选。熟人推荐的优点是：组织和应聘者能迅速通过中间人"熟人"彼此了解，可以大大节省招聘费用和时间；组织帮助"熟人"解决了他所推荐的人的入职问题，能更好地建立组织与"熟人"的友好关系；"熟人"推荐的应聘者一旦被录用，碍于"熟人"面子，一般不会表现太差。但这种方法也有一些不足：容易造成各方心理负担，如推荐者和应聘者可能怕丢面子，招聘部门害怕候选人员不够优秀又不好拒绝，操作中有可能妨碍招聘中公平竞争、择优录用的原则；推荐录用者过多，容易在组织中形成"帮派"小团体或裙带关系网；一旦雇员所推荐的人被拒绝，雇员有可能会产生不满。

（2）同业推荐

这是指与本组织有紧密业务往来或与本组织有良好关系的组织间相互推荐人力资源。这种做法的优点有：所推荐的人员一般素质尚可，比较适合组织工作，减少了招聘工作量；同业彼此推荐人员，可以沟通同行组织间的关系，增进彼此合作。但是也有缺点：被推荐人员往往不会是最优秀的，因为最优秀的人员肯定是自己使用。

5. 招聘会

这是指由劳动力市场、人才市场及其他机构定期或非定期举办的普通或专场招聘会。可能是全国范围的，也可能是地区的；可能是普通岗位的，也可能是某些专业的。

（1）招聘会的优点

招聘会的优点有：不仅能满足人力资源的需要，找到合适的人员补充组织职位空缺，也能有效展示组织风采；同时，由于招聘会现场会有很多应聘者前来，因此容易找到素质优秀的人才。很多组织都愿意参加这种招聘会，尽管它们不一定有迫切的人力资源需要，但是可以前来找找是否有优秀的人才，或者仅仅前来为组织做个公关活动也是不错的。

（2）参加招聘会应注意的问题

在参加招聘会前，要认真选择参加招聘小组的人员，对其仪表、着装等方面都要做相应的培训和规定；要提前准备好各类宣传材料，如企业简介、具有广告效应的大型横幅等，对招聘现场要做精心的布置和安排；在与应聘者接触时，应简单询问一下应聘者的基本情况，同时向他们介绍一下本组织的情况，对明显不符合职位的要以适当的方式婉言谢绝，以减少求职申请表的印刷成本和阅读大量求职申请表所浪费的时间。

6. 校园招聘

这是组织直接进入校园，面向毕业生进行的招聘活动。

（1）校园招聘的优点

校园招聘的优点有：可以通过学校收集到应聘者的真实资料和情况；能通过学校进行有效的招聘宣讲；能让组织的形象宣传工作走进校园，吸引刚刚毕业的学生对组织产生良好的印象；新毕业的大学生可塑性很强。

（2）校园招聘应注意的问题

校园招聘要注意的第一个问题是进入哪个学校或哪一类学校招聘，这通常需要考虑学校的声誉、专业强项与组织所需技能的匹配性、毕业生能力或其他社会评价、过去该校学生在本组织的表现、是否为组织高层管理者的校友或其他朋友关系等。在招聘前，要制定好招聘计划，准备好公司手册、面试记录等相关选拔测试工具。要与学校提前做好沟通，请学校帮助参加招聘会的组织做宣传。要将组织的相关资料和良好形象对学生进行全面的展示，如有可能，可邀请组织中现有的毕业于该校的员工到学校做现身演讲。要对学生诚信，不论应聘结果如何，要及时通知求职者等。

7. 申请人自荐

有些求职者会通过毛遂自荐的方式向组织推荐自己，如以信函、电话或上门的形式谋求工作，这些人当中不乏优秀者，组织要认真对待。这种自荐会减少组织的招募成本，节省时间，并且对组织有较高的归附感。

8. 临时性招聘

有些组织的人力资源短缺只是暂时的，或者具有典型的季节性特征，那么就可以用临时性招聘，招募一些临时工，满足短期工作需要。

9. 与大、中专院校建立校企合作关系

对于一些临时性工作，一些组织经常与大中专院校建立校企合作关系，通过在校学生的企业实践，解决一部分劳动力季节性或暂时性短缺问题。

第三节 人员甄选

一、人员甄选的概述

人员甄选就是根据组织招聘的目的，对比招聘条件对应聘者进行筛选，以确定谁是组织所需要的人力资源的过程。这是人力资源招聘中十分关键的一步，技术性也较强，很多组织中出现的招聘错误都是因为这一步工作没有做好。

二、人员甄选的方法

（一）简历筛选

组织在发布招聘信息后，通常会收到大量应聘人员所投递的简历。招聘人员可以通过对这些简历的筛选，挑选出初步合格人员。在筛选简历时，主要考虑以下四个方面：

①人员的基本信息是否与职位需要相符。比如，性别、年龄、户籍、婚姻状况、政治面貌、特长爱好等等。如果职位要求是男性、未婚、中共党员，那么凡是不符合这些条件的应聘者就可以在筛选中过滤掉。

②受教育程度和专业技术水平是否与职位需要相符。这主要是对应聘人员的学历、学位情况及专业技术状况进行考查，看是否与本组织职位要求相符。

③工作经历和经验。组织很多职位都是有经验要求的，可以查看应聘者的经历和经验是否与组织要求相符。也可以通过简历查看应聘者在之前工作中所取得的成绩、离职原因等，将之作为后续工作的依据。

④薪资要求。这是对应聘者的薪资要求与本组织的情况是否匹配进行考查，如果应聘者的薪资要求太高，本组织无法满足也只有将其过滤掉。

由应聘者自己设计的简历虽然内容丰富、外表美观，能从多方面反映出应聘者的优点和长处，但是由于样式不一，不容易进行对比性评价，而且未必能反映出组织所需要的信息。此时，组织可以要求应聘者按照固定样式填写求职申请表。求职申请表是人力资源招聘者根据组织的需要所设计的人员筛选工具，具有结构完整、能全面反映组织考查信息、限制不必要内容、标准化程度高且易于评估等优点。

（二）笔试

并非所有组织的招聘都会有笔试环节，但多数批量性正规招聘都将笔试作为重要的人员甄选工具。一般来说，笔试的内容包括对有关的专业知识、智商、素质能力和兴趣等进行考查。笔试能在较短的时间内以较高的效率实现人员的大量筛选，但由于结果从书面上获得，且不排除结果的偶然性和过程中作弊的可能性，因此，一般不会将笔试作为甄选的唯一方法，而是和其他方法一起使用。

笔试时，试卷的设计、考试过程的控制、阅卷的标准和过程控制都十分关键，会对招聘的结果产生重要的影响。因此，各个环节都要重视。

（三）面试

1. 面试概述

面试是一种经过精心设计，在特定场景下，以面对面的交谈与观察为主要手段，由表及里地测评应试者有关素质的一种方式。通过面试，组织与应聘者均能更好地了解对方，有助于下一步决策的做出。面试的优点如下：

①面试内容灵活多样。与笔试的规范性试题不同，面试的内容可以根据实际情况不断变化，对应聘者进行全面的考查。面试的内容可以有应聘者的仪表与风度、活力、兴趣、爱好、工作动机与愿望、工作经验、知识水平、专业特长、思

维能力、分析能力、语言表达能力、应变能力、工作态度、诚实性、纪律性、自控力等等。招聘者可以根据不同的职位进行不同内容的面谈，考查应聘者的总体素质。面谈可以测评个体的任何素质。

②信息的复合性。笔试的结果仅仅是依据应聘者的卷面成绩做出判断，而面试则可以通过对应聘者的语言、动作、礼仪等一系列信息的考查，全面评价应聘者的综合素质。招聘者可以综合运用询问、倾听、观察等多种渠道获得应聘者的信息，并进行综合判断。研究表明，在所有测评方式中，面试的信息最多、利用率最高。

③交流的直接互动性。面试中应聘者的回答及行为表现，与招聘者的评判是直接相连接的；考查者与被考查者直接面对面交流，中间没有任何转换形式。应聘者没有时间充分思考后再作答，所以在一定程度上避免了回答的非真实性，使面试的效度保持在70%以上。因此，面试可以有效地避免高分低能者或冒名顶替者入选，可以弥补笔试的失误。

2. *面试的类型*

根据不同的分类标准，面试有不同的分类。

①根据面试的结构化程度，可分为结构化面试和非结构化面试及半结构化面试。结构化面试又称为标准化面试，是事先确定面试的内容、程序、评价标准和方法的面试，能按部就班地进行标准化测试，但不够灵活，不利于对问题的深入了解。非结构化面试是根据面试的实际情况进行随机和应景性提问的方式。半结构化面试介于二者之间。

②根据面试的压力分类，可分为压力面试和非压力面试。压力面试是将面试置于一种紧张的氛围中，让应聘者回答一些挑衅性、刁难性或攻击性问题，观察应聘者的反应能力、承受能力和紧急问题解决能力等。非压力面试则是在轻松、友好氛围下的面试。

③按面试者与应聘者人数分，可分为一对一面试、多对一面试、一对多面试和多对多面试等。

3. 面试的具体操作要点

（1）做好面试前的准备工作

在面试前，招聘者要做好相关准备。这些准备包括确定参加面试小组人员、确定面试形式、布置面试场景等。一般来说，面试小组的参加者应当有人力资源部门人员、用人单位负责人，如有必要，还可以邀请组织高层管理者或邀请外部人力资源专家参加。面试的形式即是确定采用哪些类型的面试活动。面试的场景要根据招聘的需要和拟采取的面试类型和方式来进行布置，一般要安静、明亮、有一定的音响设备和摄像设备，以便于其他人员了解应聘者。在场景设计中，要根据不同的面试需要处理好面试官与应聘者的位置关系，使面试能按照需要的方式顺利展开。

（2）面试中的提问

提问是面试中的关键技术，好的提问有助于面试的成功，而糟糕的提问则可能导致面试的失败。一般来说，在面试开始与应试者初步接触时，提问应自然、亲切、渐进、聊天式地导入，而随着时间的推移，所提的问题应逐步渐入正题，并始终围绕着面试主题展开。面试者要紧扣面试话题，要控制节奏，不要被应聘者带入不相关的话题中。

①常见的提问方式。提问常分为六种方式：一是收口式提问，即只要求应试者做"是""否"一个词或一个简单句回答的提问；二是开放式提问，即应试者不能只用简单的一个词或一句话来回答，而必须另加解释、论述，才能圆满回答问题；三是假设式，又称为情景式提问，是假定某种情形或场景，要求应试者予以回答，一般用于了解应试者的反应能力与应变能力；四是连串式提问，是面试官一次提三到五个问题，让应试者一起回答，常用于考查应试者的注意力、瞬时记忆力、情绪稳定性、分析判断力、综合概括能力等；五是压迫式提问，所提的问题具有挑衅性或刁难性，目的在于创造情景压力，以考查应试者的应变力与忍耐性，一般用于压力面试中；六是引导式提问，主要征询应试者的某些需求或获得一些较为肯定的回答，如涉及薪资、福利、待遇、工作安排等问题。

②提问的技巧。提问时，要确保所提的问题是围绕着面试主题而展开的，所提的问题要明确、简约，不能似是而非，让对方觉得莫名其妙。在顺序上，要先易后难、循序渐进地提问。面试者要主导问题，不能被应聘者带偏，要善于恰到

好处地转换、收缩、结束与扩展，技巧性地将被应聘者带偏的问题重新带回来。同时，所提的问题还要问准问实，不能模棱两可就停止不问等。

③为应聘者提供弥补缺憾的机会。由于紧张等原因，难免有一些应聘者在问题回答尤其是前边几个问题的回答中表现不出自己的水平，此时，面试官要给他们提供弥补缺憾的机会。这要求面试官要做到：善于观察、善于提问，提高消除紧张和弥补缺憾的机会；对于难度大的提问，要给予适当的思考时间；面试结束前，要给应聘者提供一些可以自由发挥的问题等。

（3）面试中的听

在倾听应试者回答时，面试官的目光大体要在应试者的嘴、头顶和脸颊两侧这个范围活动，给对方一种你对他感兴趣、在很认真地听他回答的感觉，同时伴以和蔼的表情与柔和的目光与微笑；要正确地应用目光和点头的作用；不要在应试者回答时随意点头、摇头、皱眉等，以免对应试者有暗示的作用，泄露答案；要注意从言辞、音色、音质、音量、音调等方面区别应试者的内在素质；要善于把握与调解应试者的情绪。

（4）面试中的观察

面试中要认真观察，防止以貌取人、先入为主。要坚持目的性、客观性、全面性与典型性原则。

所谓目的性原则，是面试者在面试前要对面试的目的、项目、观察的标志等问题予以明确，在面试中要紧密围绕这些进行观察，而不要观察一些与目的无关的东西。

所谓客观性原则，是严格按照面试的目的和标准进行观察，不要带着主观判断，而是一切从实际出发，实事求是地评价。

所谓全面性原则，就是面试者不能仅凭一个细节或部分观察到的情况就对应聘者轻易下结论，而是要多方面地把握应聘者的素质。

所谓典型性原则，是不对应聘者的全部行为做同等关注，而是对其典型行为和典型反应做特别留心。所谓典型行为，是指那些能真正揭示应聘者真实素质的行为。

同时，在观察时，要充分调动视觉、听觉等多感官综合效应，发挥直觉效应。

（5）评价技巧

对应试者的评价，除了要有客观公正的评价标准外，还要坚持定性和定量相结合的方法。定性方法是指评价时要注意应试者行为反应中具有典型意义与客观识别的行为，如"出汗""回答拖泥带水""眼睛不敢正视"等。定量的方法是将面试的内容进行量化处理，给每一个应试者的每一项回答打分，最后记总分。

4. 面试中应避免的消极效应

面试中，常因为面试官的各种错误，导致面试的结果不够准确。这些常见的错误有如下九类：

（1）首因效应

也称为第一印象。即面试考官根据开始几分钟，甚至是面试前从资料（如笔试、个人简历等）中得到的印象对应聘者做出评价。如果第一印象好，就认为这个人不错；反之，就加以否定。

（2）对比效应

即面试考官相对于前一个接受面试的应聘者来评价目前正在接受面试的应聘者的倾向。如第一个应聘者的表现一般，而第二个应聘者表现出色，则第二个应聘者得到的评价可能会比他本应得到的评价更高。

（3）晕轮效应

就是"以点带面"从某一优点或缺陷出发去评价应聘者其他方面。如过分强调应聘者的不利因素，以至于不能全面地了解这个人。比如，此人懂得礼貌且长相不错，就认为他在其他方面应该也不错。

（4）雇用压力

当上级对招聘结果有定额要求时，面试考官对应聘者的评价就会偏高，或由于招聘时间紧迫，为完成招聘任务，不得不加快速度，急于求成。

（5）类我效应

这是指面试官对与自己有某些相似的人更容易做出好的评价。比如自己喜欢篮球，而刚好应聘者一谈到篮球就滔滔不绝，因此而认为他可以胜任工作。反之，当面试官发现眼前的应聘者居然对篮球一问三不知，就觉得他什么都不行，肯定不能做好工作。

（6）不熟悉工作

面试考官未能准确地了解工作包含什么，以及什么类型的求职者最适合工作，通常就会形成关于什么是好的求职者的错误标准。

（7）轻易判断

面试考官通常在面试开始的几分钟就对候选人做出判断。一位研究者甚至发现，在85%的案例中，面试考官在面试开始前就已经对候选人做出了判断。

（8）他人影响

如果应聘者是某个自己尊敬的人推荐的，就会对应聘者做出高于实际情况的评价；反之，如果应聘者是自己不喜欢的人推荐的，就会对应聘者做出很差的评价。

（9）强调负面信息

面试考官受不利信息的影响大于受有利信息的影响。例如，面试考官从好的印象转变为坏的印象，要比从坏的印象转变为好的印象更为可能。

（四）背景调查

背景调查是通过咨询应聘者从前就业的单位、曾接受教育的机构、推荐人等对象，核查其所提交的背景资料和证明材料等的真实性和有效性，以确定其是否符合本组织职位需求的过程。

背景调查最好安排在面试结束与上岗前的间隙，因为此时大部分不合格人选已经被淘汰，剩下的考查对象已数量不多，可以减少调查的工作量和提高工作效果。

调查的内容要与工作岗位需求高度相关，避免查非所用、用者未查。一般来说，调查的内容可以分为两类：一是基本项目，如毕业学位的真实性、任职资格证书的有效性；二是与职位说明书要求相关的工作经验、技能和业绩等，不必面面俱到。因为如果调查的内容太多，会导致调查时间太长，一些优秀的人才是很多组织的争夺对象，很可能在此期间被其他组织抢夺走了。

背景调查的对象通常可以有三类：一是学校学籍管理部门，可查询应聘者的学历、学位及科研成果等是否属实，也可以查询其在学校中的政治表现和校方评价；二是档案管理部门，一般来说，可以在这里查到应聘者原始的相关基础资料，用以辨别应聘者自己所携带材料的真实性；三是历任用人单位，从原先的雇主那里可以了解到该应聘者之前的业绩和工作表现，但是，在进行这种调查时要注意甄别从原用人单位那里获得的信息的真伪，比如，有些人才的原用人单位不愿意其流失，会故意降低对他的评价。

（五）评价中心技术

严格来讲，评价中心是一种程序而不是一种具体的方法，它是组织选拔管理人员的一项人事评价过程。一次完整的评价中心通常需要两三天的时间，对个人的评价是在团体中进行的。评价时，应聘者组成一个小组，由一组测试人员（通常测试人员与被试者的数量为 1 : 2）对其进行包括心理测验、面试、多项情景模拟测验在内的一系列测评，测评结果是在多个测试者系统观察的基础上综合得到的。

常见的评价中心技术如下：

1. 公文处理

公文处理是评价中心用得最多的一种测评形式，据统计其使用频率高达81%。测试时，测试者将一大堆需要处理的文件，如信函、报告、命令和备忘录等来自上级、下级、平级和组织外部的各类典型问题和指示，要求应聘者在2~3小时内处理完毕。在应聘者处理完毕后，要求其填写一份行为理由问卷，阐释其如此处理的原因。如果测试者对结果有不清楚的地方或想深入了解应聘者，还可以与应聘者深入交流。最后测试者将有关行为逐一分类，给出综合评价。

通过上述过程，测试者可以对应聘者在处理各种文件方面的表现予以评价，观察其能否区分事情的轻重缓急，能否有条不紊地处理各项事物，自己搞不定的事情是否能及时请示上级，可以授权的事情能否授权下属，等等。对应聘者执行各项管理职能的能力和对环境的理解与敏感程度予以评价，以辨别其与相应岗位的匹配性。

按照涉及的内容，公文处理有三种常见的形式。

（1）背景模拟

在测试前，将应聘者所处的工作环境、他在组织中所扮演的角色、权力的大小、上级主管领导者的方式和行为风格、情景中各种角色人物的相互需求等信息提前告知他，观察其在特定情景下处理事务的恰当性。

（2）公文类别模拟

这是观察应聘者在处理不同类别公文方面的表现。这种测试中，要处理的公文有三种类别：一是已有正确结论并已处理完毕归档的材料，通过对比应聘者的处理结果和已有结论，判断其处理的有效性；二是处理条件已具备，要求应试者在综合分析基础上进行决策；三是尚缺少条件和信息，看应试者是否善于提出问题和获得进一步信息。

（3）处理过程模拟

这种测试要求应聘者以某一领导角色的身份参与公文处理活动，并尽量使自己的行为符合角色规范。在向应聘者交代完相关背景情况后和处理时间限制后，测试活动就可以开始。讨论中，应聘者可自由发表观点，并为自己所做出的决策进行辩护。这种讨论的结果最重要的不是讨论出最终的答案，而是要让应聘者去预测自己的想法可能会带来的后果，并自我纠正错误观点和决策，以激发其潜能。

2. 无领导小组讨论

这是指由一组应聘者组成临时工作小组，讨论给定的问题，并做出决策。讨论时，并不指定谁是负责人，测试者一般是坐在讨论室隔壁的暗室中，通过单向玻璃或电视屏观察整个的讨论情形，通过扩音器倾听他们的讨论内容，看谁善于驾驭会议，或能集中正确意见并说服他人达到一致决议。测试者通过自己的观察对参与讨论的小组成员做出评价。

一般来说，测试者的评价标准通常有以下七个方面：

①是否积极发言，是否善于提出新的建议和方案；

②是否敢于发表不同意见，能否支持或肯定别人的意见或坚持自己的正确意见；

③是否善于消除紧张气氛，营造民主讨论氛围，鼓励不开口的人也愿意发言；

④是否善于说服别人，调解争议问题，把众人的意见引向一致；

⑤能否倾听和尊重别人意见，是否侵犯他人发言权；

⑥观察其语言表达能力如何，是否能说到点子上；

⑦观察其分析问题的深度，概括和总结不同意见的能力等。

3. 管理游戏

这是通过举行管理游戏，观察各位参加者的表现以进行评价。在管理游戏中，由应聘者组成不同游戏小组，并被分配一定任务，要求大家在团结协作的基础上成功解决任务。比如，购买、供应、装配或搬运。有时在游戏中也要引入一些竞争因素，如几个小组同时进行销售以分出优劣。

管理游戏的优点有：首先，能突破实际工作情景的时空限制，在最短的时间内全面展示应聘者解决特定任务的具体表现；其次，具有趣味性，能激发应聘者的参与，并能很快得到测试结果；最后，具有认知社会关系的功能，能帮助参加者对错综复杂的组织内部各单位之间的相互关系有一个更加深刻的了解。

4. 角色扮演

这是要求应聘者扮演某个既定角色，观察其处理各种问题和矛盾中的表现是否符合其角色身份，以判断其素质潜能。

（六）心理测试

这是利用心理学的研究成果，测试应聘者是否具备职位所需要的心理素质和个性特征。常见的测试类型如下：

1. 能力测试

这是对应聘者是否具备完成某种活动的能力进行测试。这种测试具有两种功能：一是判断应聘者具备哪些能力，即诊断功能；二是测定应聘者在从事具体活动中是否能成功以及何种程度的成功，即预测功能。一般来说，能力测试包括一般能力测试、能力倾向测试和特殊能力测试三种。

（1）一般能力测试

这是对应聘者基本能力进行测试，如观察力、记忆力、思维能力、想象力、注意力等等。

（2）能力倾向测试

招聘选拔中常见的能力倾向测试内容有言语理解能力、数量关系能力、逻辑推理能力、综合分析能力、知觉速度和准确性等。为了准确地进行测试，一些机构专门编制了成套测试方法，有代表性的能力倾向测试有一般能力倾向测试和鉴别能力倾向测试。

（3）特殊能力测试

对于一些特殊职位，可能对应聘者的特殊能力有要求，那么此时可以开展特殊能力测试，测试者应根据不同职位类别，选择相应的测试方法。

2. 人格测试

人格由体格与生理特质、气质、能力、动机、兴趣、价值观、态度等多种特质组成，是个体对现实的稳定态度和习惯的行为方式。

目前的人格测试方法主要有两个：自陈式测试和投射式测试。前者是向应聘者提出一组有关个人行为、态度方面的问题，由其根据自己的情况进行回答，测试者将其答案与标准进行对比，从而判断他们的人格。投射式测试是向应聘者提供一些刺激物或设置一些刺激情景，让他们在不受限制的条件下自由地做出反应，测试者通过他们的反应来判断其人格。投射式测试的常用方法有罗夏墨迹测试和主题统觉测试等。有兴趣的读者可以自行查阅相关资料了解。

3. 情商测试

情商又称情绪智力，是相对智商而言的心理学概念，是情绪的商数，或称情绪智慧，指人对乐观与悲观、急躁与冷静、大胆与恐惧、沉思与直觉等情绪反应的程度。情商主要包括五大能力：认识自身情绪的能力、管理自己情绪的能力、自我激励的能力、认知他人情绪的能力、人际关系处理的能力等。

现代心理学认为，对于职业的成功来说，情商比智商更重要。因此，越来越多的组织开始重视对应聘者的情商进行测试。这种测试对于管理岗位和一些特殊岗位如销售等尤为重要，而一些普通岗位比如车工、钳工，也并非不需要考虑情商因素。研究表明，高情商的人比低情商的人更能实现技术工种的顺畅沟通和协调配合。

第四章　绩效与职业生涯管理

第一节　绩效管理与计划

一、绩效管理的概述

（一）绩效的概述

1.绩效的概念

绩效，也称为业绩、效绩、成效等，反映的是人们从事某一种活动所产生的成绩和成果。只要有需求和目标，就有绩效，所以，做任何事情都存在着绩效，绩效问题始终伴随在我们周围，也存在于与我们相关的各种组织、团体之中。

从不同的层面看绩效，得出的结论有所不同。

①从组织层面看，绩效就是利润，就是销售收入；绩效就是规模，就是市值，就是市场占有率；绩效就是企业可持续发展的能力；绩效就是价值创造或价值增值；绩效就是组织目标实现度；等等。

②从个体层面看，绩效就是个人工作中符合组织需要的行为；绩效就是个人表现出来的符合组织需要的素质；绩效就是符合组织需要的成果；等等。

③从内容层面看，又存在任务绩效和周边绩效之分。任务绩效是指工作的直接结果；周边绩效则包括人际、意志、动机、品质等。

2.绩效的特点

（1）多因性

绩效的多因性是指员工绩效的好坏并不仅仅取决于单一因素，而是要受到员工个人以及工作环境、社会环境等多种因素的影响。这些因素共同作用于绩效，只是在不同的时间、不同的情境下某一种或某几种因素起着决定作用，表面上容易表现出单一性。这就要求人们在研究绩效问题时，要抓住目前影响绩效的众多因素中的关键因素，这样才能更有效地对绩效进行管理。

（2）多维性

绩效的多维性是指要从多个角度或方面去分析与评估绩效。例如考察生产线上工人的绩效，不仅要看产量，而且要综合考虑产品质量、原材料消耗、出勤情况、团队意识、服从意识、纪律意识等，通过综合评价得出最终的结论。因此，在设计绩效评估指标体系时，往往要根据组织战略、文化以及岗位特征等方面的情况设计出一个由多维度评价指标、不同权重组成的评价指标体系。

（3）动态性

绩效的动态性是指员工的绩效会随着时间的推移而发生变化，即绩效的好坏并不固定，原来较差的绩效有可能变好，原来较好的绩效也有可能变差。绩效的这一特点要求我们在绩效管理中做到不要以一成不变的思维来看待绩效，要充分考虑到绩效的动态性，用发展的眼光和思维来掌握员工的绩效情况。

（二）绩效管理的概念

绩效管理是管理者为确保员工的工作活动与产出与组织目标一致而实施管理的过程，具体包括绩效计划制订、绩效实施与辅导、绩效考核评估、绩效反馈与改进等方面的内容。

绩效计划是绩效管理的第一个关键环节，它是指在绩效周期开始时，由上级和员工就员工在绩效考核期内的绩效目标、绩效过程和手段等进行讨论并达成一致，但是绩效计划并不是只在绩效周期开始时才会进行，实际上它往往会随着绩效周期的推进而不断做出相应的修改。绩效实施与辅导是指制订绩效计划后，管理者要根据员工的工作表现情况对员工进行绩效辅导和检查，这个环节就是绩效实施与辅导的部分，需要管理者进行动态、持续的绩效辅导与沟通来预防或解决员工实现绩效时可能发生的各种问题。绩效考核是在绩效周期结束的时候，依据预先制订的绩效计划，主管人员对下级的绩效目标完成情况进行评价。绩效反馈与改进是指绩效周期结束时，上级和员工进行的绩效考核面谈，由上级将考核结果告诉员工，指出员工在工作中存在的不足，并和员工一起制订绩效改进的计划，绩效反馈在很大程度上决定了组织实现绩效管理目标的程度。

绩效管理不是一个阶段或一个时点的工作，而是一个封闭的循环，即通过管理者与员工之间持续不断地进行绩效管理的循环过程，实现绩效的改进。这个封闭的循环系统就是由上述的绩效计划制订、绩效实施与辅导、绩效考核评估、绩效反馈与改进四个部分组成。

（三）绩效管理的作用

1. 促进企业战略目标的实现

企业的战略目标，如果不能转化为日常的具体目标，就很容易变为一种形式。绩效管理循环系统能够把企业的战略目标转化为实际的具体目标。这些目标自上而下地被层层分解，最终转化为各级部门和员工实际的行动计划，并在此基础上制定相应的绩效考核指标体系，设计相应的绩效评价和反馈系统。通过绩效管理，可以将组织战略目标和员工的日常工作紧密联系起来，并通过各类监控指标，使员工的努力与组织目标保持高度一致，促进组织战略的顺利实施。另外，绩效管理的各个环节都是为提高工作绩效这个目的服务的，绩效管理的目的不是把员工的绩效分出上下高低，而是针对员工工作过程中存在的问题，采取恰当的措施，提高员工的工作绩效，从而保证组织目标的实现。

2. 为组织人力资源管理决策提供依据

绩效管理可以为组织管理、人力资源管理提供重要的信息和依据。组织在多项管理决策中都要使用绩效管理信息，特别是绩效考核的信息。绩效考核的结果是组织进行薪酬决策、晋升决策、奖惩决策、录用决策等人力资源决策的重要依据。对员工的行为和绩效进行考核，适时地给予相应的奖励以激励员工，其评价的结果也是人力资源管理其他活动实施的重要依据。

3. 绩效管理有助于提高员工的满意度

提高员工的满意度对于企业来说具有重要的意义，而满意度是和员工需要的满足程度联系在一起的。首先，每个员工都会内在地具有尊重和自我实现需要，通过有效的绩效管理，员工的工作绩效能够不断地得到改善，这可以提高他们的成就感，从而满足其自我实现需要；其次，通过完善的绩效管理，员工不仅可以参与到管理过程中，还可以得到绩效的反馈信息，这能够使他们感到自己在企业中受到了重视，从而可以满足尊重需要；最后，通过绩效辅导与绩效考核，能够了解员工工作过程中存在的问题，如员工知识与能力的不足，并有针对性地为员工进行培训，提高员工的知识与技能，从而增加员工的满意度。

（四）绩效管理与人力资源管理其他职能的关系

1. 绩效管理与工作分析的关系

工作分析是绩效管理的重要基础。首先，员工在企业中需要根据工作分析得到的岗位描述来开展工作，岗位描述是直接影响员工工作行为绩效的因素。因此，有效的绩效管理的前提是必须有清晰的岗位描述信息。其次，绩效考核的方式受到岗位特点的直接影响，对岗位采取何种方式进行评估是企业为绩效考核而进行准备时所面临和必须解决的一个重要问题。基于岗位的特点，对不同类型的岗位采取的绩效考核方式有所不同，如由谁进行评估、评估周期如何安排、绩效考核的信息如何收集、采取什么样的形式进行评估等，这些方面如何选择都取决于工作分析的信息。最后，岗位描述是设定绩效指标的基础，对某个岗位的任职者进行绩效管理需要确定关键绩效指标，这些绩效指标往往是由关键职责决定的。

2. 绩效管理和薪酬管理的关系

绩效管理与薪酬管理的关系是最为直接的，按照赫茨伯格的双因素理论，如果将员工的薪酬与他们的绩效挂起钩来，使薪酬成为工作绩效的一种反映，就可以将薪酬从保健因素转变为激励因素，从而可以使薪酬发挥更大的激励作用。此外，按照公平理论的解释，支付给员工的薪酬应当具有公平性，这样才可以更好地调动他们的积极性，为此就要对员工的绩效做出准确的评价。一方面，使他们的付出能够得到相应的回报，实现薪酬的自我公平；另一方面，也使绩效不同的员工得到不同的报酬，实现薪酬的内部公平。

3. 绩效管理和员工培训的关系

通过绩效管理可以了解员工的工作态度、工作行为和工作产出等绩效的状态，了解员工绩效状况中的优势与不足，进而改进和提高工作绩效。培训开发是绩效考核后的重要工作，是企业经常被用来实现绩效改进的重要方面。绩效考核之后，主管人员往往要根据被评价者的绩效现状，结合其个人发展意愿，共同制订绩效改进计划和未来发展计划。人力资源部门则根据员工目前绩效中有待改进的方面，设计整体的培训开发计划，并帮助主管和员工共同实施培训开发。

总之，绩效管理在组织人力资源管理这个有机系统中占据着核心地位，与人力资源管理的其他职能模块均有着密切的关系，通过发挥员工绩效管理的纽带作用，人力资源管理的各大职能可以被有机地联结起来，形成一种相互促进的互动关系。

二、绩效计划

(一) 绩效计划的概念

绩效计划是整个绩效管理过程的开始，它是指在绩效周期开始时，由上级和员工共同讨论，确定员工的绩效考核目标、绩效考核周期及员工要达到绩效目标所需要采取的措施等。对于绩效计划的定义，可以做如下理解：

①绩效计划是对整个绩效管理过程的工作的指导和规划，是一种前瞻性的思考；

②绩效计划包含如下三部分内容：员工在考核周期内的绩效目标、绩效考核周期、为实现最终绩效目标员工在绩效考核周期内应从事的工作和采取的措施等；

③绩效计划必须由员工和管理者双方共同参与，绩效计划中有关员工绩效考核的事项，如绩效目标等，须经双方沟通后共同确认；

④既然是前瞻性思考，就有可能出现无法预料的事情，所以绩效计划应该随着外界环境和企业战略的变化而随时进行调整，不能墨守成规。

(二) 绩效目标的制定

绩效目标又叫绩效考核目标，是对员工在绩效考核期间工作任务和工作要求所做的界定，这是对员工进行考核时的参照。绩效目标由绩效指标和绩效标准组成，绩效指标解决的是考核者需要考核"什么"的问题，而绩效标准则是要求被考核者做得"怎样"或完成"多少"的问题。

1. 绩效指标

（1）绩效指标的分类

①工作业绩指标。工作业绩是员工通过工作努力取得的阶段性产出和直接结果。工作业绩的考核是所有绩效考核中最基本的内容，直接体现出员工在企业中价值的大小。工作业绩指标包括员工完成工作的数量、质量、成本费用以及为组织做出的其他贡献，包括岗位上取得的绩效和岗位以外取得的绩效。工作业绩指标表现为完成工作的质量指标、数量指标、成本费用指标及工作效率指标等。

②工作能力指标。对员工工作能力的考核主要体现在四个方面：专业知识和相关知识，相关技能、技术和技巧，工作经验，所需的体能和体力。这四个方面既相互联系又相互区别，技能和知识是基础，体能和体力是必要条件。通过对员工工作能力的考核，判断员工是否符合所担任的工作和职务的任职资格要求。一般来说，工作能力的考核主要用于晋升决策。

③工作行为指标。工作行为考核是指对员工在工作过程中表现出的有关行为进行考核和评价，衡量其行为是否符合企业的规范和要求。对员工工作行为的考核主要包括出勤率、事故率、纪律性、投诉率等方面。比如，一个酒店要对服务生的工作行为进行考核，可以从劳动纪律、仪容仪表、文明卫生等方面进行评价。

④工作态度指标。工作态度考核是对员工工作积极性的评价和衡量。在绩效考核中，除了对员工的业绩、行为、能力进行考核之外，还应对员工的工作态度进行评价。工作态度的考核指标通常包括团队精神、忠诚度、责任感、主动性、创新精神、敬业精神、进取精神等。

（2）绩效指标的设计

在设计绩效指标时，需要考虑的问题很多，为保证绩效考核的客观性，设计绩效指标时需要注意以下四个问题：

①绩效指标应与企业的战略目标相一致。在绩效指标的设计过程中，应将企业的战略层层传递和分解，使企业中每个职位都被赋予战略责任。绩效管理是战略目标实施的有效途径，所以绩效指标应围绕战略目标层层分解，而不应与战略目标脱节，只有当员工努力的方向与企业战略目标一致时，企业整体的绩效才能

提高。

②绩效指标应当有效。绩效指标应当涵盖员工的全部工作内容，这样才能够准确地评价出员工的实际绩效，这包括两个方面的含义：一是指绩效指标不能有缺失，员工的全部工作内容都应当包括在绩效指标中；二是指绩效指标不能有溢出，职责范围以外的工作内容不应当包括在绩效指标中。比如，一位餐饮部经理的绩效指标应包含餐饮营业额、餐饮经营成本节省率、菜品出新率、客人满意度、客人投诉解决率、设备设施完好率、卫生清洁达标率、部门员工技能提升率。这些指标既涵盖了餐饮部经理的全部工作内容，又没有职责范围以外工作内容的绩效指标。

③绩效指标应当明确和具体。绩效指标要明确和具体地指出到底是要考核什么内容，不能过于笼统和模糊不清，否则考核主体就无法进行考核。如考核教师的工作业绩时，"授课情况"就不是一个明确、具体的指标，需要进一步分解成："上课准时性""讲课内容的逻辑性""讲课方式的生动性"，这样考核指标才是明确和具体的。

④绩效指标应具有差异性。绩效指标应当具有差异性是指对不同的员工来说，绩效指标应当有差异，因为每个员工从事的工作内容是不同的，例如销售经理的绩效指标就应当和生产经理的不完全一样。此外，即便有些指标是一样的，权重也应当不一样，因为每个职位的工作重点不同，例如，计划能力对企业策划部经理的重要性就比对法律事务部经理的重要性要大。

2. 绩效标准

绩效标准是考核员工绩效好坏的坐标，是组织期望员工达到的绩效水平，绩效标准的确定，有助于保证绩效考核的公正性，否则就无法确定员工的绩效到底是好还是不好。确定绩效标准时，应当注意以下三个问题：

①绩效标准应当量化。量化的绩效标准，主要有以下三种类型：一是数值型的标准，比如，"销售额为50万元""投诉的人数不超过5人次"等；二是百分比型的标准，比如，"产品合格率为95%""每次培训的满意率为90%"等；三是时间型的标准，比如，"接到任务后3天内按要求完成""在1个工作日内回复应聘者的求职申请"等。此外，有些绩效指标不可能量化或者量化的成本比较高，主要是能力和态度这些工作行为的指标，对于这些指标，明确绩效标准的方

式就是给出行为的具体描述，例如对于谈判能力，就可以给出五个等级的行为描述。

②绩效标准应当适度。就是说制定的标准要具有一定的难度，但是员工经过努力又是可以实现的，目标太容易或者太难，对员工的激励效果都会大大降低，因此绩效标准的制定应当在员工可以实现的范围内确定。

③绩效标准应当可变。这包括两个层次的含义：一是指对于同一个员工来说，在不同的绩效周期，随着外部环境的变化，绩效标准有可能也要变化，例如对于空调销售员来说，由于销售有淡季和旺季之分，在淡季的绩效标准就应当低于旺季；二是指对于不同的员工来说，即使在同样的绩效周期，由于工作环境不同，绩效标准也有可能不同。仍以空调销售员为例，有两个销售员，一个在昆明工作，一个在广州工作，由于昆明的气候原因，人们对空调的需求较小，而广州的需求则比较大，因此这两个销售员的绩效标准就应当不同，在广州工作的销售员绩效标准就应当高于在昆明工作的销售员。

（三）绩效考核周期

绩效考核周期，也可以叫作绩效考核期限，就是指多长时间对员工进行一次绩效考核。由于绩效考核需要耗费一定的人力、物力，考核周期过短，会增加企业管理成本的开支；但是，绩效考核周期过长，又会降低绩效考核的准确性，不利于员工工作绩效的改进，从而影响到绩效管理的效果。因此，在准备阶段，还应当确定出恰当的绩效考核周期。绩效考核周期的确定，要考虑到以下三个因素：

1. 评估的目的

绩效考核的周期与评估目的有关，如果评估的目的主要是奖惩，那么自然就应该使评估的周期与奖惩的周期保持一致；而如果评估是为了续签聘用协议，则评估周期与企业制定的员工聘用周期一致。

2. 绩效指标的类型

绩效考核周期还与考核指标类型有关。对于工作业绩绩效指标，可能需要较短的考核周期，这样做的好处是：一方面，在较短的时间内，考核者对被考核者在这些方面的工作结果有较清楚的记录和印象，如果都等到很长时间再进行考核，恐怕就只能凭主观感觉了；另一方面，对工作结果及时进行评价和反馈，有利于及时改进工作。对于工作能力、行为、态度绩效指标，则适合于在相对较长的时期内进行考核，这些关于人的行为、表现和素质的因素相对具有一定的隐蔽性和不可观察性，需较长时间考察和必要的推断才能得出趋势或结论。

3. 岗位性质

被考核对象所处的岗位性质也会影响考核的周期。不同的岗位其工作的内容是不同的。一般来说，如果岗位的工作绩效比较容易评估，评估周期相对要短一些。例如，生产一线员工的评估周期相对就可以比中层管理人员的短，可以是一个月评估一次，也可以是一周评估一次。中层管理人员可以半年、一个季度评估一次。而高层管理人员的评估周期可能更长，往往是一年一次。如果岗位的工作绩效对企业整体绩效的影响比较大，则评估周期相对要短一些，这样将有助于及时发现问题并进行改进。例如，销售岗位的绩效考核周期就应当比支持性部门岗位的要短一些。

第二节　绩效实施与考核

一、绩效实施与辅导

（一）绩效实施与辅导的必要性

绩效实施与辅导是指员工按照绩效计划实现自己的绩效，管理者进行跟踪、检查、记录、指导，及时发现下级工作过程中存在的问题，帮助下级不断改变工作方法与技能，随时纠正下级偏离工作目标的行为，并根据实际情况的变化及时对工作目标进行修正与调整，从而确保绩效目标实现的过程。

绩效管理的整个过程从制订绩效计划开始，经过绩效实施与辅导的过程，然后进行绩效考核，最后是绩效反馈与改进。在这个过程当中，绩效计划、绩效考核和绩效反馈与改进都是可以在短短的几天时间内完成的，而耗时最长的是中间的绩效实施与辅导，它贯穿着整个绩效期间，实际上它贯穿工作的整个期间。不但绩效实施与辅导是耗时最长的活动，而且绩效计划是否能够落实和完成要依赖于绩效实施与辅导，绩效考核的依据也是来自绩效实施与辅导的过程中，所以绩效实施与辅导是一个重要的中间过程，这个过程做得怎样将直接影响着绩效管理的成败。

在绩效实施与辅导的整个过程中，管理人员需要做到两件事：一是与员工持续沟通；二是绩效信息收集。

（二）与员工持续沟通

绩效计划虽然是企业管理人员与企业员工实施企业绩效管理的契约，然而达成共识后还不能说明以后的绩效计划执行就一定会完全顺利地进行。为了使绩效计划顺利实施，就要求企业管理人员和员工持续不断地进行绩效沟通。只有持续有效的沟通才能达到有效的绩效管理，才能将绩效管理纳入日常工作中，所以管理人员与员工持续沟通非常重要。

1. 与员工持续沟通的作用

管理人员与员工持续沟通的目的主要有以下四个方面：①随着环境的变化，当初制订的绩效计划可能无法实现，通过与员工沟通可及时对绩效计划进行调整，以便顺利地实现目标；②员工在工作中可能会遇到很多困难和问题，管理人员可为员工提供及时的帮助和支持；③在工作的过程中员工希望被关注或认可，与员工持续沟通是一种重要的激励手段，能极大地鼓舞员工；④员工渴望及时得到工作结果的反馈，及时了解自己的缺点与不足之处，以便及时采取改进措施。

2. 与员工持续沟通的内容

管理人员应该重点关注的内容有工作的进展情况如何、是否在正确的轨道上、哪些工作进行得好、哪些工作遇到了困难与障碍、需要对工作进行哪些调整、员工需要哪些资源与支持等等。员工应该重点关注的内容有工作进展是否达到了管理人员的要求、方向是否与管理人员的期望一致。

3. 与员工持续沟通的方法

（1）正式沟通

正式沟通的方式主要包括定期的书面报告、一对一正式会谈、定期的会议沟通等。定期的书面报告是指员工可以通过文字的形式向上司报告工作进展，反映发现的问题。一对一正式会谈对于及早发现问题，找到解决问题的方法是非常有效的，同时使员工有一种被尊重的感觉，有利于建立管理者和员工之间的融洽关系。会议沟通可以满足团队交流的需要，通过会议沟通，员工往往能从上司口中获取公司战略或价值导向的信息。

（2）非正式沟通

非正式沟通是未经计划的，其沟通途径是通过组织内的各种社会关系。其形式如非正式的会议、闲聊、走动式交谈、吃饭时进行的交谈等。非正式沟通的好处是形式多样、灵活，不需要刻意准备；沟通及时，问题发生后，马上就可以进行简短的交谈，从而使问题很快得到解决；容易拉近主管与员工之间的距离。

（三）绩效信息收集

1. 绩效信息收集的目的

除了进行持续的沟通外，在绩效实施与辅导阶段需要进行的另一项重要工作就是绩效信息的收集与记录。管理者在日常工作中注意收集员工工作绩效的有关信息，不仅在绩效考核时可以找到充分的事实根据，避免各种主观偏差造成的消极影响，而且在绩效反馈面谈时能够言之有据，有效避免上下级之间由于对绩效评价等级的分歧而产生矛盾与冲突。通过平时的绩效信息的收集和记录，管理者还可以积累大量的关键事件，发现绩效优劣背后的原因，从而有针对性地帮助员工制订绩效改进计划以提高员工的工作绩效。此外，保留翔实的员工绩效表现记录，也是为了在发生劳动争议时企业有足够的事实依据。这些记录一方面可以保护企业的利益；另一方面，也可以保护当事员工的利益。

2. 绩效信息收集的方法

①考勤记录法。这种收集信息的方法最常用于对员工工作时间有具体要求的岗位，记录岗位员工出勤、缺勤及其原因，以此作为绩效评价的依据。

②生产记录法。生产记录法在生产服务性组织中常用，主要记录如产品数量、消耗的原材料数目以及服务的数量和质量等生产服务情况。

③定期抽查法。定期抽查法也称为取样法，定期抽查生产、加工和服务的数量并由专人记录抽查情况。

④项目评定法。项目评定法采用问卷调查的形式，指定专人对员工逐项评定。

⑤关键事件记录法。关键事件记录法就是对员工特别突出或异常失误的情况进行记录。这样的记录有利于主管对下级的突出业绩进行及时的激励，对存在的问题进行及时的反馈和纠偏。

⑥减分抽查法。减分抽查法是指按职位或岗位要求规定应遵守的项目，定出违反规定减分办法，逐日或定期进行登记。

总之，在数据收集和记录过程中，主管除了本人平时注意跟踪员工计划进展外，还应当注意让相关人员提供相关的数据。此外，主管必须清楚数据记录和收集的重点一定是以绩效为核心。

二、绩效考核

绩效考核，也叫绩效评估或绩效评价，就是指在考核周期结束时，选择相应的考核主体和考核方法，收集相关的信息，对员工完成绩效目标的情况做出考核。绩效考核结果会对人力资源管理其他职能产生重要影响，也关系着员工的切身利益，受到全体员工的重视。因此，绩效考核是绩效管理的关键阶段，绩效考核不仅涉及考核什么，还涉及谁来考核以及怎样考核的问题。

（一）绩效考核主体

1. 上级

上级是最主要的考核主体。上级考核的优点是由于上级对员工有直接的管理责任，熟悉被考核者的职务、工作内容、工作要求、绩效标准等，他们通常最了解员工的工作情况。此外，用上级作为考核主体还有助于实现管理的目的，保证管理的权威。上级考核的缺点在于上级领导往往没有足够的时间来全面观察员工的工作情况，考核信息来源单一；容易受到领导个人的作风、态度以及对下级员工的偏好等因素的影响，可能产生个人偏见。

2. 同事

由于同事和被考核者在一起工作，他们对员工的工作情况也比较了解；同事一般不止一人，可以对员工进行全方位的考核，避免个人的偏见。此外，还有助于促使员工在工作中与同事配合。同事考核的缺点是人际关系的因素会影响考核的公正性，和自己关系好的就给高分，不好的就给低分；大家有可能协商一致，相互给高分；还有就是可能造成相互的猜疑，影响同事关系。尤其当考核的结果关系到晋升、奖金等实际利益时，同事考核的结论就无法作为绩效考核的最终结论。

3. 下级

对于管理者而言，下级也是非常重要的绩效反馈信息来源。下级对主管人员的工作风和工作能力都比较了解。下级参与对主管人员的考核，可以使上级主管了解下级对自己的看法和评价，明白自身的不足，改进工作方式，促进与下级的沟通。但是，由于上级掌握了对下级的奖惩权，下级害怕报复而不敢得罪自己的上级，这样可能使考核流于形式。因此，在下级对上级的考核中，为了获得客观的反馈信息，考核最好采取匿名的方式。

4. 员工本人

用员工本人作为考核主体进行自我考核，优点是能够增加员工的参与感，加强自我开发意识和自我约束意识；有助于员工对考核结果的接受。缺点是员工对自己的评价往往偏高，特别是对员工本人的性格、行为、能力等方面的评价，评判标准会对考核结果产生重要影响，员工自我考核容易出现偏差，因此通常只将员工的自评作为一种补充的办法来采用。

5. 客户

就是由员工服务的对象来对他们的绩效进行考核，这里的客户不仅包括外部客户，还包括内部客户。内部客户考核有助于员工更加关注自己的工作结果，提高工作的质量。外部顾客参与员工的考核，可以促使员工更好地为顾客服务，改善员工与顾客的关系，提升企业形象。它的缺点是：客户更侧重于员工的工作结果，不利于对员工进行全面的评价；有些职位的客户比较难以确定，不适于使用这种方法。

总之，由于由单一的评价主体对员工进行考核往往难以获得公平、公正和客观的结果，绝大多数的组织在绩效考核中都会采用多元主体的方式。有的企业在绩效考核过程中将以上所有类型的人员都纳入考核主体，这种全方位选择绩效考核主体的方法被称为360°绩效考核。

（二）绩效考核的方法

在实践中进行绩效考核的方法有很多种，这些方法大致分为三类：以结果为导向的考试方法，包括排序法、配对比较法、强制分布法；以行为为导向的考核方法，包括行为关键事件法、行为锚定评价法、行为观察评价法；以战略为导向的考核方法，包括目标管理法、平衡计分卡、关键绩效指标。不同导向型的考核方面侧重点不同，适用范围也不同，企业在进行考核时应当根据具体的情况选择合适的考核方法。

1. 以结果为导向的考核方法

以结果为导向的考核方法又称控制导向型，着眼于行为的结果，而不是行为的过程，考核的重点在于产出和贡献。它是一种将目标与结果进行比较的事后控制，对于已经发生的事情无法进行改进。以结果为导向的考核方法主要包括排序法、配对比较法、强制分布法。

（1）排序法

排序法是指根据被评价员工的工作绩效进行比较，从而确定每一个员工的相对等级或名次。排序法分为简单排序法和交替排序法。

①简单排序法。简单排序法是评价者将员工按照工作的总体情况从最好到最差进行排序，适用于人员比较少的组织。

②交替排序法。交替排序法是评价者在所有将要评价的员工中首先挑选出最好的员工，然后选择出最差的员工。将他们分别列为第一名和最后一名。然后在余下的员工中再选择出最好的员工作为整个序列的第二名，选出最差的员工作为整个序列的倒数第二名。依此类推，直到将所有员工排列完毕为止。这种方法简便易行、速度快，但是由于标准单一，评估的结果存在较大偏差。此外，由于不同部门的工作难以进行比较，这种方法不适用于跨部门评估。

（2）配对比较法

配对比较法，也叫成对比较法、两两比较法，就是将每位员工按照所有评价要素（如产品质量、生产效率等）与所有其他员工进行——比较，根据比较结果排出名次，即两两比较，然后排序。

（3）强制分布法

强制分布法首先确定出绩效考核结果的等级，将员工分为优秀、良好、合格、需要改进、不合格，然后按照正态分布的原理确定出各个等级的比例，最后按照这个比例，根据员工的表现将他们归入不同的等级中。强制分布法克服了大部分员工绩效考核分数分布在高端（宽大效应）、低端（严格效应）或中间（趋中效应）的现象。然而，当员工整体都非常优秀或都非常差的时候，这种评价方法很容易激起员工的不满。如果一个组织员工较多，这种方法比较实用。

2. 以行为为导向的考核方法

以行为为导向的绩效考核方法重点在于甄别与评价员工在工作中的行为表现，即工作是如何完成的。关注其行为方式是否与预定要求相一致。行为导向型的考核方法包括行为关键事件法、行为锚定评价法、行为观察评价法。

（1）行为关键事件法

行为关键事件法是主管人员对从员工那里收集到的有关工作表现的特别事例进行考核。也就是说，在应用这种方法时，考核者将每一位被考核者在工作活动中所表现出来的好的行为和不好的行为记录下来，好的行为称为积极关键事件，不好的行为称为消极关键事件。然后每隔一段时间，通常是半年或一年，利用积累的记录来评价被考核者的绩效。记录的这些行为或表现必须是比较突出的并与工作绩效直接相关的具体事项，而不是琐碎的、无关的事。

行为关键事件法为考核者向被考核者解释绩效评估结果提供了一些确切的事实证据；还能避免"近因"效应，减少因考核人员没有将平时的工作表现进行记录，只是对近期的工作表现印象深刻而做出错误的评价；最关键的是有利于员工改进不良的工作行为。但是行为关键事件法因为主管人员经常记录每个员工的工作表现比较耗时，影响其工作；另外，关键事件比较难定义，不一定每个关键事件都与工作绩效相关。

（2）行为锚定评价法

行为锚定评价法实质上是把关键事件法与评级量表法结合起来，兼具两者之长。行为锚定评价法是关键事件法的进一步拓展和应用，它将关键事件和等级评价有效地结合在一起。通过一张行为等级评价表可以发现，在同一个绩效维度中存在一系列的行为，每种行为分别表示这一维度中的一种特定绩效水平，将绩效水平按等级量化，可以使考核的结果更有效、更公平。

行为锚定评价法的优缺点都很突出。它的优点是：使对员工绩效的考量更加精确，参与本方法设计的人员众多，对本岗位熟悉，专业技术性强，所以精确度更高，评定量表上的等级尺度与行为表现的具体文字描述是一一对应的，或者说通过行为表述锚定评定等级，使考核标准更加明确；具有良好的反馈功能，评定量表上的行为描述可以为反馈提供更多必要的信息，这种方法使员工知道其被期望表现的是哪些类型的行为，有利于员工改进自己的工作。这一方法的缺点是：设计和实施的费用高，比许多考核方法费时、费力；而且考核某些复杂的工作时，特别是对于那些工作行为与效果的联系不太清楚的工作，管理者容易着眼于对结果的评定而非依据锚定事件进行考核。

（3）行为观察评价法

行为观察评价法是行为锚定评价法的一种变异形式。但行为观察评价法在两个方面与行为锚定评价法有所区别。首先，行为观察评价法并不剔除那些不能代表有效绩效和无效绩效的大量非关键行为，相反，它采用了这些事件中的许多行为来更加具体地界定构成有效绩效或无效绩效的所有必要行为。其次，行为观察评价法并不评价哪种行为更好地反映了员工绩效，而是要求评价者对员工在评价期内的每一种行为的频率进行评价，然后将评价结果进行平均，得到总体的评价等级。在使用行为观察量表时，评估者通过指出员工表现各种行为的频率来评定员工的工作绩效。一个 5 分制的行为观察量表被分为从"极少"或"从不是"到"总是"的 5 个分数段。评估者通过将员工在每一行为项目上的得分相加计算出员工绩效考核的总评分，高分意味着员工经常表现出合乎希望的行为。

行为观察评价法的优点如下：①有助于员工对考核工具的理解和使用，行为观察量表法基于系统的工作分析，是从对员工所做的系统工作分析中设计开发出来的，因此，有助于员工对考核工具的理解和使用；②有助于产生清晰、明确的反馈，因为行为观察评价法鼓励主管和下属之间就下属的优缺点进行有意义的讨论，因此避免了一般化；③从考核工具区分成功与不成功员工行为的角度来看，行为观察评价法具有内容效度，考核者必须对员工做出全面的评价而不只是强调考核其所能回忆起来的内容；④关键行为和等级标准一目了然，行为观察评价法明确说明了给定工作岗位上的员工行为要求，因此其本身可以单独作为职位说明书或作为职位说明书的补充；⑤行为观察评价法的信度和效度较高。

第三节　绩效反馈与改进

绩效考核阶段结束以后，接着就是绩效反馈与改进阶段，这一阶段主要是完成绩效反馈面谈的任务，就是说上级要就绩效考核的结果和员工进行面对面的沟通，指出员工在绩效考核期间存在的问题并一起制订出绩效改进的计划。

一、绩效反馈面谈

（一）绩效反馈面谈的概念

绩效反馈面谈是主管与被考评的员工之间就绩效评估结果，包括取得的成绩、存在的问题与不足、下一阶段新的工作目标以及绩效提升计划等所进行的双向沟通与交流。

员工绩效表现不佳时，一个重要的原因是没有能够得到及时、具体的反馈，因为员工不知道自己做得好还是不好，就无从进一步改进，或者员工一直以为自己做得很好，他们就不会改变长期以来错误的做法，甚至造成越来越糟的结果。所以要提高员工的绩效，就需要进绩效反馈面谈，将考核的结果反馈给员工，告诉他哪些做得好和哪些做得不好，下一步该如何去改进并得到提高。

（二）绩效反馈面谈的准备工作

绩效反馈面谈对整个绩效管理过来说都非常重要，绩效反馈面谈要达到比较好的效果，就必须做好充分的准备。

1. 选择适宜的时间

面谈的时间长短把握要适中，要提前通知员工，双方都把工作安排好，尽量不要安排在刚上班时间或快要下班时间，因为这些时间都不是高效时间，会大大影响面谈的效果。

2. 选择适宜的场所

一般不宜在办公室进行面谈，因为有电话、传真机、电脑等干扰，容易中途被打断，安排在小型会议室或咖啡厅等避免被打扰的场所比较好。

3. 提前通知员工

提前通知员工一方面是为了员工安排手头工作；另一方面，是为了让员工提前准备绩效面谈的资料，如自我评价表、个人的发展计划、准备向主管提出的问题或寻求的帮助等。

4. 准备面谈的资料

作为主导面谈的主管人员对整个面谈起着决定性作用，所以主管需要提前准资料，如员工考核评价表、员工日常工作表现记录、工作说明书等。

5. 计划好面谈程序

计划的内容包括面谈时大致包括哪几个步骤、要谈哪些内容、这些内容先后顺序如何安排、各部分花费的时间是多少等等。这些都要提前做好相应的计划，才能使整个面谈顺利进行。

（三）绩效反馈面谈的步骤

①营造一个良好的气氛。刚开始进行面谈时需要缓和一下气氛，因为员工进行绩效面谈时是比较紧张的，所以要先寒暄几句或关心一下员工，帮员工平静心情。

②说明面谈的目的。告诉员工此次绩效面谈的目的是什么、绩效面谈对员工有什么帮助、绩效面谈有哪几个步骤、一共会谈多长时间等。

③向员工告知考核的结果。根据每项工作目标的完成情况，告诉员工每项工作的评价结果和解释为什么会有目前的评价结果，并征求员工对评价结果的看法和员工的自我评价。

④商讨员工不足的方面。告诉员工哪些地方做得不好、为什么做得不好、下一步该如何改进等。

⑤为下一阶段的绩效计划设定目标，并讨论完成这些绩效计划需要的支持和资源。

（四）绩效反馈面谈中的技巧

1. 对绩效结果进行描述而不是判断

绩效反馈面谈是为了让员工知道自己到底什么地方存在不足，应当指出具体的问题和陈述事实。比如说"在这一个月内你迟到了 10 次，上周开会时讨论的材料你没有提前阅读"。而不是说"你的工作做得很差，你的工作态度很不好"之类的话。

2. 正面评价同时要指出不足

除了正面的评价外，还要指出员工了的不足，和员工一起找出造成这些问题的原因并有针对性地制订出改进计划，帮助员工确定目标，提出员工实现这些目标的措施和建议。而不是只评价不指出问题，或是指出问题却不制订如何帮助员工的改进计划等。

3. 绩效反馈面谈对事不对人

在反馈过程中，针对的只能是员工的工作绩效，客观地描述员工的绩效，而不能针对员工本人。如果针对员工本人，容易伤害员工，造成员工的抵触情绪，影响反馈的效果。比如不能说"别人都做得很好，你为什么做得这么差""你就是工作不认真，态度有问题"等之类的话。

4. 注意绩效反馈时说话的技巧

在绩效反馈面谈时，沟通技巧的使用非常重要。在进行反馈时，首先，应当以正面鼓励为主，不指责、不批评、不评价员工的个性与习惯，同时语气要平和，不能引起员工的反感；其次，要注意聆听员工的声音，要给员工说话的机会，允许他们解释，以聆听的态度听取员工本人的看法，而不是一直喋喋不休；最后，注意肢体语言，避免出现隐含消极情绪的动作和表情，比如不耐烦的表情、双手抱在胸前、不停地看手表、玩弄笔或手机等。

二、绩效改进计划

绩效改进计划是指根据员工有待发展提高的方面所制订的，须在一定时期内完成的有关工作绩效和工作能力改进和提高的系统计划。

（一）绩效诊断和分析

通过分析考核结果，找出绩效不佳的员工和关键绩效问题，关键绩效问题是通过对比实际绩效和期望的绩效状况之间的差距而得出的。诊断员工的关键绩效问题通常有两种方法：一是从知识、技能、态度和环境四个方面着手分析绩效不佳的原因；二是从员工、主管和环境三个方面来分析绩效问题。针对关键绩效问题，在充分考虑绩效不好的员工和企业现在的资源的基础上，大致确定绩效改进的方向和重点，为制订绩效改进计划做好准备。

（二）原则

1. 平等性原则

主管和员工在制订绩效改进计划时是一种相对平等的关系，他们共同为了员工业绩的提升和业务单元的成功而制订计划。

2. 主动性原则

我们有理由相信员工是真正最了解自己所从事工作的人，因此在制订绩效改进计划时应该更多地发挥员工的主动性，更多地听取员工的意见。

3. 指导性原则

主管影响员工的领域主要是从根据组织和业务单元的目标出发并结合员工个人实际，给员工绩效的改进提出中肯的建议，实施辅导，并提供必要的资源和支持。

4. "SMART" 原则

绩效改进计划是指导绩效改进实施的标准，因此一定要有可操作性，其制定的原则也要符合 "SMART" 原则，即做到具体的、可衡量的、可达到的、现实的和有时限的。

5. 发展性原则

绩效改进计划的目标着眼于未来，所以在制订与实施计划时要有长远的、战略性的眼光，把员工个人的发展与企业的发展紧密结合起来。

（三）绩效改进计划内容

①有待提高和改进的项目。有待提高和改进的项目通常是指工作的能力、方法、习惯等方面，这些项目可能是员工现在水平不足的项目，也有可能是工作有了更高要求的项目。

②提高和改进这些项目的原因。选择这些有待发展项目的原因通常是员工在这方面的水平比较低，而工作任务完成或员工未来发展又需要其在这方面表现出比较高的水平。

③目前的水平和期望达到的水平。绩效改进计划应该有明确、清晰的目标，因此，在制订员工绩效改进计划时，要指出有待提高项目的目前水平是怎样的和期望达到的水平又是怎样的。

④改进这些项目的方式。改进这些项目的方式有很多种，比如自我学习、理论培训、研讨会、他人帮助改进等。对一个项目进行发展可以采用一个方式也可以采取多种方式。

⑤设定达到目标的期限。在员工绩效改进计划中，要确定经过多长时间才能将有待提高的项目的绩效水平从目前水平提升到期望水平。

第四节　职业生涯管理

一、职业生涯管理的概述

（一）职业生涯的概念

1. 职业

职业一般是指人们为了谋生和发展而从事相对稳定的、有收入的、专门类别的社会劳动。职业是人类文明进步、经济发展以及社会劳动分工的结果。同时，职业也是组织与个体的结合点，这也就是说，个人是职业的主体，但个人的职业活动又必须在一定的组织中进行。组织的目标靠个体通过职业活动来实现，个体则通过职业活动对组织的存在和发展做出贡献。因此，职业活动对员工个人和组织都具有重要的意义。

从个人的角度讲，职业活动几乎贯穿于人一生的全过程。人们在生命的早期阶段接受教育与培训，是为职业做准备。从青年时期进入职业世界到老年退离工作岗位，职业生涯长达几十年，即使退休以后仍然与职业活动有着密切的联系。职业不仅是谋生的手段，也是对个人的生活方式、经济状况、文化水平、行为模式、思想情操的综合反映，也是一个人的权利、义务、职责以及社会地位的一般性表征。

对于组织来说，不同的工作岗位要求具有不同能力、素质的人担任，把合适的人放在合适的位置上，是人力资源管理的重要职责。只有使员工选择了适合自己的职业并获得职业上的成功，真正做到人尽其才、才尽其用，组织才能可持续发展。组织能不能获得员工的情感认同，能不能充分调动员工积极性，关键因素在于组织能不能为员工创造条件，并对他们的职业进行管理，使他们有机会获得一个有成就感和自我实现感的职业。

2. 职业生涯

(1) 职业生涯的概念与特点

职业生涯的概念大致有两种观点。第一种观点是从某一类工作或某一组织出发，把职业生涯看作个人在一个组织或工作中担任的一系列职位构成的总体；第二种观点则把职业生涯看作个人的一种功能，而不是某种工作或某一组织的功能。由于每个人几乎都经历过一系列独特的工作，拥有不同的岗位经验，故此，第二种观点认为，每个人实际上都在追求一个独特的职业生涯。综合学者们的观点，将职业生涯界定为一个人与工作相关的整个人生历程，是一个人在一生中所经历的与工作、生活和学习有关的过程、经历和经验。对于职业生涯的定义，可以做如下理解：每个人只有一个职业生涯历程，不管他从事多少工作或经历多少个岗位，都是他职业生涯的一部分；职业生涯是一个连续的过程，从接受教育为职业做准备直到退出工作领域；职业生涯是不断变化的过程，会经历不同的组织和不同的工作岗位；职业生涯没有专业的限制，任何与工作相关的经历都可以称为职业生涯，包括自由职业或进行进修等。

（2）职业生涯的特点

①时间性。与人的自然成长规律一样，职业生涯的发展具有阶段性。这种阶段性一般是根据工作年限来划分的，且每一个阶段都会表现出不同的职业特点，如成长阶段、探索阶段、确立阶段、维持阶段和衰退阶段。每个时期的职业特点和职业内容都有所不同，组织在不同的时间段，对员工的管理也不相同。各阶段之间并不是简单的并列关系，而是一种递进关系，前一阶段是后一阶段的基础，前一阶段的状态越好，后一阶段的状态才有可能越好。另外，每个人经历的组织和岗位，或者从事某个职业的时间也不一样，有的人一生只从事一种职业，但有的人一生之中会从事各种不同的职业。

②独特性。每个人的价值观、人格、能力、成长环境、受教育背景等各不相同，导致每个人所从事的职业也不相同，其职业生涯会存在很大差异，如有的人适合或有兴趣从事销售工作；但有的人却适合或有兴趣从事研发工作。正是由于这种差异性的存在，每个人的职业生涯设计都应该是个性化的。职业生涯规划只有是个性化的，才能对自己的职业生涯发展具有切实的指导意义。此外，差异性并不妨碍人们对职业生涯发展规律的认识和运用。对职业生涯的差异性和自身的独特性认识得越充分，职业生涯管理才会更有针对性。

③主动性。职业生涯是一个人一生连续不断的发展过程，每个人都会主动去规划和管理自己的职业生涯，比如，主动地寻找适合自己的工作，希望能够有更好的成长和发展的机会。所以，善于规划并有明确目标和强烈进取精神的人可能会成长得快一些、好一些；而不善于规划、没有明确目标的人可能会成长得慢一些。但是，不管怎样，随着时间的推移，每个人都会在不同方面有不同程度的成长。

④不可逆转性。一个人由幼年到成年，再到老年，这是一个不可变更的自然发展过程，它必须遵循从生到死的规律，想重来是不可能的。职业生涯发展过程也是一样，具有不可逆转性。有些人到了职业生涯的一定阶段后，往往会后悔之前没有好好珍惜，或者没有去合理的规划，但是之前的职业生涯已经不再可能改变。职业生涯发展的不可逆转性提醒人们要充分重视职业生涯发展中的每一步，

因为今天的每一个选择，都可能影响你的下个选择。每个人都应该正确认识职业生涯的不可逆转性，好好规划自己的职业生涯，不能留下遗憾。

（二）职业生涯管理的概念

一般来说，职业生涯管理是组织和员工个人对职业生涯进行设计、规划、执行、评估和反馈的一个综合性的过程，通过员工和组织的共同努力与合作，使每个员工的生涯目标与组织发展目标一致，使员工的发展与组织的发展吻合。因此，职业生涯管理包括两个方面。

①从个人的角度来讲，职业生涯管理是指一个人有目的地对自己的技能、兴趣、知识、动机和其他特点进行认识，获取职业信息并进行职业选择，同时为实现自己的职业目标而积累知识、开发技能的过程。个人可以自由地选择职业，但任何一个具体的职业和岗位，都要求从事这一职业的个人具备特定的条件，如受教育程度、专业知识与技能水平、身体状况、个性要求及品质要求等。并不是任何一个人都能适应任何一项职业的，这就产生了职业对人的选择。一个人在择业上的自由度在很大程度上取决于个人所拥有的职业能力和职业品质，而个人的时间、精力、能力毕竟是有限的，要使自己拥有不可替代的职业能力和职业品质，就应该根据自身的潜能、兴趣、价值观和需要来选择适合自己的职业，这就需要对自己的职业生涯进行管理。因此，人们越来越重视职业生涯的管理，越来越看重自己的职业发展机会。

②从组织的角度来讲，对员工的职业生涯进行管理，集中表现为帮助员工制订职业生涯规划，建立各种适合员工发展的职业通道，针对员工职业发展的需求进行适时的培训，给予员工必要的职业指导，以促使员工职业生涯的成功。组织是个人职业生涯得以存在和发展的载体。所以，员工的职业发展不仅是其个人的行为也是组织的职责，比如工作分析、员工筛选、员工培训、绩效管理等。人力资源管理活动的重要作用在于为组织找到合适的人选，并为组织的发展提供人力资源保障。然而人力资源管理活动还越来越多地在扮演着另外一种角色，这就是确保员工在组织中找到自己的职业方向，并且鼓励员工不断成长，使他们能够发挥出其全部潜能。这种趋势得到强化的一个信号是，许多组织越来越多地强调和重视员工职业规划和职业发展。

（三）职业生涯管理的意义

对于企业来说人是最重要的资源。企业一方面想方设法地保持员工的稳定性和积极性，不断提高员工的业务技能以创造更好的经济效益；另一方面，企业又希望能维持一定程度的人员、知识、观念的重新替代以适应外界环境的变化，保持企业活力和竞争力。而开展职业生涯管理工作则是满足员工与企业双方需要的最佳方式。所以，职业生涯管理对个人和组织者具有极为重要的意义，主要表现在以下五个方面：

1. 可以优化组织人力资源配置，提高人力资源利用效率

职业管理中的一个基本问题是"员工适合做什么"，要回答这个问题就要明确员工的职业倾向、能力素质等。首先，员工在进入组织时，组织通过各种工具对员工进行测试和评价，了解员工的特长、能力、气质、性格、兴趣等，在充分了解员工之后再把员工放在合适的岗位上；其次，可以使企业获得培训需求的信息，基于员工的职业发展计划的各项培训会得到员工的支持和认同，有效的培训使得员工能更好地适应工作，满足工作岗位上所需要的知识和技能；最后，如果企业中出现岗位空缺，就能结合员工的个人能力和素质，根据人岗配置原则对员工进行调动、整合和再配置等活动，以便合理配置企业内的工作岗位。因此，加强职业生涯管理，使人尽其才、才尽其用，可以优化组织人力资源配置，提高人力资源利用率。

2. 提高员工满意度，降低员工流动率

组织通过对员工的潜能评价、辅导、咨询、规划和培训等为其提供了更大的发展空间，使员工发展更有目的性，员工可以确定自己的职业定位、职业兴趣、职业路径等，有助于员工实现自己的职业目标和职业理想，从而提高员工满意度。另外，员工在理解企业人力战略的情况下结合自身特点提高自身素质，会把自身利益与企业发展更紧密结合起来，岗位的适应性也能大大提升一个人的满意度，从而能使员工的流动性降低。

3. 使组织和个人共同发展，保持企业和员工的竞争优势

现代企业都处于复杂和动态的环境之中，任何企业都难以摆脱某些事件的影响，比如企业常常面临兼并、收购重组或精编性裁员等不期而遇的变化，这时组织结构就会变化，员工的职务也会变化。通过职业生涯管理，组织有长期的人才战略规划，能应对此类动荡造成的影响，也能保持企业持久的竞争优势；对员工来说有较强的知识和技能，就能应对企业大量裁员的困难，同时也不会因为组织变化而造成失业。组织和员工只有在一种通力合作的前提下，才能共同发展，在激烈竞争的环境中保持优势，而职业生涯管理能实现组织和员工通力合作。

4. 创建优秀的企业文化，实现"以人为本"的管理思想

企业文化的核心理念是企业员工具有共同的价值观和行为方式，"以人为本"的管理理念是充分尊重并满足员工个人正当合理的发展需求。企业进行员工职业生涯规划就是强调和肯定人的重要性，给员工提供不断成长、不断挖掘潜力并取得职业成功的机会和条件，从而创造一种高效率的工作环境和引人、育人、留人的积极向上的健康的企业文化。

5. 有利于创建"学习型企业"，促进企业的发展

员工职业生涯管理的核心是鼓励学习、鼓励创新、鼓励竞争。企业通过员工职业生涯管理，能构建一种善于学习、积极向上、不断进取、健康活泼的企业文化氛围，培养和造就大批能将企业发展目标和个人奋斗目标较好结合的、对企业忠诚的、勇于创新的各类人才队伍，从而为企业在激烈的市场竞争中处于不败之地奠定坚实的基础。

二、职业生涯管理理论

(一) 霍兰德的职业性向理论

美国职业指导专家约翰·霍兰德（J. Holland）在研究中发现，不同的人具有不同的人格特征，不同的人格特征适合从事不同的职业。由此他指出人格（包括价值观、动机和需要等）是决定一个人选择何种职业的另外一个重要因素，并提出了著名的职业性向理论，指出决定个人选择职业的六种基本的"人格性向"，即现实型、调研型、社会型、常规型、企业型、艺术型。

1. 现实型 （R）

这种类型的人一般具有机械方面的能力，乐于从事半技术性的或手工性的职

业，他们更愿意去从事那些包含体力活动并且需要一定的技巧、力量和协调性才能完成的工作。现实型的人适应从事农场主、运动员、装配工人等。

2. **调研型（I）**

这一类型的人为了知识的开发与理解而乐于从事现象的观察与分析工作。这些人思维复杂、有创见、有主见，但无纪律性、不切实际、易于冲动。具有这种性向的人会被吸引从事那些包含较多认知活动的职业，如生物学家、社会学家、大学教授。

3. **社会型（S）**

具有这种性向的人喜欢为他人提供信息，帮助他人，喜欢在秩序井然、制度化的工作环境中发展人际关系和工作，其个性中较消极的一面是独断专行、爱操纵别人。社会型的人适于有诊所的心理医生、外交工作者等包含大量人际交往活动的职业。

4. **常规型（C）**

具有这种性向的人会被吸引从事那些包含大量结构性和规则性的职业，他们喜欢和数据型及数字型的事实打交道，喜欢明确的目标，不能接受模棱两可的状态。这种个性类型的人最适于从事事务性的职业，如会计、出纳员、银行职员。

5. **企业型（E）**

这种类型的人与社会型的人相似之处在于他（她）也喜欢与人合作。其主要的区别是企业型的人喜欢领导和控制他人，其目的是实现特定的组织目标。具有这种性向的人会被吸引从事那些包含大量以影响他人为目的的语言活动的职业，如管理人员、律师。

6. **艺术型（A）**

这种类型与传统型形成最强烈的反差。他们喜欢选择音乐、艺术、文学、戏剧等方面的职业，这类人是感情极丰富但无组织纪律的。具有这种性向的人会被吸引从事那些包含大量自我表现、艺术创造、情感表达和个性化的职业，如艺术家、广告创意人员。

（二）沙因（Edgar H. Schein）的职业锚理论

所谓职业锚是职业生涯主线或主导价值取向，也就是当一个人不得不做出选择的时候，无论如何都不会放弃的原则性的东西，是人们职业选择和发展所围绕的中心。职业锚是个人经过持续不断的探索确定的长期职业定位。一个人的职业锚由三个组成部分：自己认识到的才干和能力、自我动机和需要、态度和价值观。

沙因将职业锚分为八类，分别是技术/职能型职业锚、管理型职业锚、自主/独立型职业锚、安全/稳定型职业锚、创造/创业型职业锚、服务/奉献型职业锚、挑战型职业锚、生活型职业锚。

1. 技术/职能型职业锚

拥有技术/职能型职业锚的人希望过着"专家式"的生活。他们工作的动机来自有机会实践自己的技术才能，并乐于享受作为某方面专家带来的满足感。拥有这种职业锚的人从事的是在某一个专门领域中富有一定挑战性的工作。在薪酬补贴方面，这类人更看重外在平等，他们希望组织能够按照受教育背景和工作经验确定技术等级并得到相应报酬，他的同行中具有同等技术水平者的收入是他们的参照系。他们惧怕公司提供给他们类似于股票收益的"金手铐"，因为金手铐意味着他们很可能陷入一份缺乏挑战的工作。在晋升方面，这类人更看重技术或专业水平，而不是职位的晋升。对他们往往不需要用等级晋升来激励，而应该考虑通过加大工作范围，给予更多的资源和更大的责任，更多的经费、技术、下属等支持，或通过委员会和专家组等方式参与高层决策。对他们的认可有三种：一是他们看中的是同行专业人士的认可，而不是管理者的表扬，在他们眼里，管理者不可能真正理解他们的工作价值，甚至来自了解工作过程和工作成果的下属的认可，都会比管理者的认可让他们更为欣慰；二是获得专业领域继续学习和发展的机会，他们惧怕落伍，接受培训的机会、组织赞助的休假、鼓励参加专业性会议、提供购买资料和设备的经费等方式，对他们而言都是非常有价值的认可；三是作为专家被接纳为其他团体和组织的成员，以及来自社会的或者专业团体的奖励，都是他们喜欢的认可方式。

2. 管理型职业锚

拥有管理型职业锚的人具有成为管理人员的强烈愿望，并将此看成职业进步的标准。他们把专业看作陷阱，当然，这不等于他们不明白掌握专业领域知识的必要性，不过，他们更认可组织领导的重要性，掌握专业技术不过是通向管理岗位的阶梯。与专家职业锚相比，管理职业锚更喜欢不确定性的挑战，而专家职业锚要千方百计地消除不确定性。他们从事的是综合性的领导工作，对组织成功越重要的工作，对他们越有吸引力。这种人对薪酬补贴的态度不同于技术/职能型职业锚的人，他们倾向于纵向比较，只要他们的工资在整个组织中比他们的下属高，他们就满足了，他们不会横向比较同行的工作。他们对组织中的"金手铐"很热衷，股票期权等代表所有者和股东权益的奖励方式对他们来说非常具有吸引力。他们的工作晋升基于个人的贡献、可量化的绩效和工作成就，他们认为达到目标的能力才是关键的晋升标准。对他们来说，最好的认可方式是提升到具有更大管理责任的职位上。他们希望得到上级主管的认可，同样，金钱形式的认可对他们来说也是重要的，他们喜欢加薪、奖励、股票期权，喜欢头衔和地位的象征物（大办公室、象征地位的小车、某种特权等等）。

3. 自主/独立型职业锚

自主/独立型职业锚的人追求自主和独立，不愿意接受别人的约束，也不愿意受程序、工作时间、着装方式以及在任何组织中都不可避免的标准规范的制约。即使面对职业选择时，他们也会为了保住自主权而权衡工作的利弊。他们注重培养自力更生、对自己高度负责的态度。他们倾向于专业领域内职责描述清晰、时间明确的工作。他们可以接受组织强加的目标，但希望独立完成工作。如果他们热爱商业，多会选择不受公司约束的咨询服务和培训工作；即便在公司里，他们也会倾向于选择独立性较强的部门或者岗位。他们最明显的特点是，不能忍受别人的指指点点，也不愿接受规范性约束。这种人喜欢的薪酬补贴方式是便捷的自选式收益，不在乎与别人的比较，倾向于接受基于工作绩效并能即时付清的工资和奖金。他们惧怕"金手铐"的约束。他们期望的工作晋升是那种能够获得更多自主的方式，任命他们更高职务而减少自主权，反而会让他们感到窝火或者憋气。对他们的认可方式是直接的表扬或认可，勋章、证书、推荐信、奖品等奖励方式，对他们比晋升、加衔、金钱更有吸引力。

4. 安全/稳定型职业锚

这种类型的人选择职业最基本、最重要的需求是安全与稳定。通常，只要有条件，他们就会选择提供终身雇用、从不辞退员工、有良好退休金计划和福利体系、看上去强大可靠的公司，他们喜欢组织的"金手铐"，希望自己的职业跟随组织的发展而发展。只要获得了安全感，他们就会有满足感。相比工作本身，他们更看重工作内容。他们愿意从事安全、稳定、可预见的工作。所以，政府机关和类似单位，以及能够提供终身职务的大学，是他们的首选。这种人适合直接加薪、改善收益状况的激励方式。对于薪酬补贴，只要按部就班、有基于工作年限、可预见的稳定增长就可以。他们喜欢基于过去资历的晋升方式，乐于见到明确晋升周期的公开等级系统。他们希望组织能够认可他们的忠诚，而且相信忠诚可以给组织带来绩效。

5. 创造/创业型职业锚

对于创造/创业型职业锚的人来说，最重要的是建立或设计某种完全属于自己的东西。他们有强烈的冲动向别人证明这一点，这种人通过自己的努力创建新的企业、产品或服务，以企业或者产品打上自己的名号而自豪。当在经济上获得成功后，赚钱便成为他们衡量成功的标准。这种类型就是企业家角色。自主/独立型职业锚的人也会发展自己的生意，也要创业，但是他们发展自己的生意是源于表现和扩大自主性的需要，而创造型职业锚的人在创业的初期阶段，会毫不犹豫地牺牲自己的自由和稳定以获得生意的成功。他们的工作类型在于不断地接受新挑战、不断创新。他们着迷于实现创造的需求，容易对过去的事情感到厌烦。在薪酬补贴方面，他们看中的是所有权，通常他们并不为自己支付很多工资，但是他们会控制自己公司的股票，如果他们开发出新产品，他们会希望拥有专利权。对于工作晋升，他们希望职业能够允许他们去做自己想做的事，有一定的权力和自由去扮演满足自己不断进行创新变化需求的任何角色。创造财富、创建企业、开发事业，就是对他们的认可方式。他们积累财富，只是用来向他人展示和证明自己的成功。

6. 服务/奉献型职业锚

服务/奉献型职业锚的人希望能够体现个人价值观，他们关注工作带来的价值，而不在意是否能发挥自己的能力。他们希望能够以自己的价值观影响雇用他们的组织或社会，只要显示出世界因为他们的努力而更美好，就实现了他们的价值。这种人的供职机构既有志愿者组织和各种公共组织，也有顾客导向的企业组织。至于薪酬补贴，他们希望得到基于贡献的、公平的、方式简单的薪酬。钱并不是他们追求的根本。对于他们，晋升和激励不在于钱，而在于认可他们的贡献，给他们更多的权力和自由来体现自己的价值。他们需要得到来自同事以及上司的认可和支持，并与他们共享自己的核心价值。

三、组织的职业生涯管理

(一) 职业生涯发展通道设计

职业生涯发展通道是指组织为内部员工设计的自我认知、成长和晋升的管理方案。职业生涯发展通道设计通过帮助员工胜任工作，确立组织内晋升的不同条件和程序对员工职业发展施加影响，使员工的职业目标和计划有利于满足组织的需要。职业生涯发展通道设计指明了组织内员工可能的发展方向及发展机会，组织内每一个员工就可能沿着本组织的发展路径晋升工作岗位。良好的职业生涯通道设计，一方面，让员工明白自己的努力方向和目标，有利于组织吸收并留住最优秀的员工；另一方面，能激发员工的工作兴趣，挖掘员工的工作潜能。因此，职业路径的设计对组织来说十分重要。这里主要介绍四种职业生涯发展通道：单一职业发展通道、双重职业发展通道、横向职业发展通道、网状职业发展通道。

1. 单一职业发展通道

这是传统的职业通道模式，即从一个特定的工作到下一个工作纵向向上发展的路径。员工按照逐级上升的方式，从一个岗位向上一级岗位变动。这是我国多年来的一直使用的模式。优点是员工可以清晰地看到职业发展序列。但这种单一通道最明显的缺陷是只侧重于管理类发展，而中、高级专业技术人员却没有相应发展路径，这样高级专业技术人员则会因缺少发展路径而离开组织，发生人才流失，或者专业技术人员被提升到管理岗位，能力和岗位不适应造成人才浪费。

2. 双重职业发展通道

双重职业发展通道是指在组织行政职务阶梯之外，为专业技术人员设置的一个平行的、与行政职务同等重要的，有序的、开放的业务或技术能力阶梯，并且这个能力阶梯与待遇相挂钩。在双重职业发展通道中，管理人员使用行政职务阶梯，专业技术人员使用业务或技术能力阶梯。行政职务阶梯上的提升，意味着具有更多制定决策的权力，同时要承担更多的责任。业务或技术能力阶梯上的提升，意味着具有更强的独立性，同时拥有更多从事专业活动的资源。这种双重职业发展通道的设计，赋予了个人不同的责、权、利，有利于调动管理人员和专业技术人员的积极性，实现各尽其能、各展其长，是一种非常适合组织使用的职业发展通道模式。

3. 横向职业发展通道

横向职业发展通道是为拓宽职业生涯通道，满足人们不同的职业需求，消除因缺少晋升机会造成的停滞现象而设计的。横向职业发展通道的设立能够使人们焕发新的活力、迎接新的挑战，同时也有利于员工开阔视野，获得在各种岗位上工作的经验和资历。这种横向流动不仅有利于激发个人的工作热情和积累工作经验，也有利于保持和发展整个组织的朝气与活力，实现组织内部稳定与流动、维持与发展的平衡，虽然只是横向发展，并没有得到加薪或晋升，但员工可以增强对自身在组织中价值的认知，与此同时，也使他们自己获得了新的发展机会。

4. 网状职业发展通道

网状职业发展通道包括纵向的工作序列和一系列横向的工作机会。网状职业发展通道在纵向上和横向上的选择，拓宽了人们的职业通道，减少了职业通道的堵塞。比起传统职业发展通道，网状职业发展通道更加现实，它拓宽了组织成员在组织中的发展机会。这种灵活的职业发展路径设计，能够给员工和组织带来巨大的便利。对员工来说，这种职业发展设计为他们带来了更多的职业发展机会，也便于员工找到真正适合自己的工作，找到与自己兴趣相符的工作，实现自己的职业目标。对组织来讲，这种职业发展设计增加了组织的应变性，当组织战略发生转移或组织环境发生变化时，通过这种职业发展设计能够顺利实现人员转岗安排，保持整个组织的稳定性。

（二）分阶段的职业生涯管理

职业生涯管理是一种长期的、动态的管理过程，贯穿于员工职业生涯发展的全过程。每一位员工在职业生涯的不同阶段，其发展特征、发展任务都不相同。每一阶段都有各自的目标、特点和发展重点。另外，由于决定职业生涯的主客观条件的变化，员工的职业生涯规划和发展也会发生相应的变化，对每一个职业生涯发展阶段的管理也应有所不同。

1. 职业生涯早期管理

（1）员工在职业生涯早期阶段的特点

职业生涯早期阶段指的是一个人由学校走向社会、由学生变成雇员，并为组织所接纳的过程，这一角色和身份的变化，需要经历一个适应过程。在职业生涯早期阶段，员工个人年龄正值青年时期，一般还没有建立自己的小家庭，精力充沛，有足够的精力来应对工作中可能出现的困难，初次进入职场进取心强，具有积极向上的良好心态。但由于年轻气盛，难免表现出浮躁和冲动，很可能导致不和谐的人际关系。员工尚为职场新手，缺乏工作经验，需要逐步适应环境和人际交往方式，一切还在学习和探索之后，对自己的职业锚的选择会犹豫不决和易于变动。

（2）企业对员工职业生涯早期阶段的管理

首先，员工在准备进入企业的时候，企业应实事求是和充分地介绍组织信息，使求职者有清晰和正确的认识，提高潜在员工尽快适应企业和长期留在企业的比率；其次，在进行员工甄选时采用科学的方法对员工的兴趣、技能、价值观、潜力等进行综合评估，力求在这一阶段为空缺职位找到最合适的人选，即人适其岗，这对于一个新员工未来的职业发展非常关键；再次，为员工提供系统的入职培训，入职培训的内容包括对未来工作流程的学习、企业文化的宣传、规章制度的了解、职业发展的情况介绍等，通过入职培训让新员工尽快地熟悉和适应企业，减少对环境不适应带来的负面影响；最后，员工工作一段时间后，会面临许多困惑，如工作没有方向、不被领导认可、人际关系不够融洽等，组织应积极给予新员工帮助，如选派一位老员工担任其导师并向新员工提供指导和训练，鼓励员工更多地参与企业的事务争取上级信任，帮助员工改善人际沟通的技能等。

2. 职业生涯中期管理

（1）员工在职业生涯中期阶段的特点

经历了职业生涯早期阶段，完成了组织和雇员的相互接纳后，就要进入职业生涯的中期阶段了。职业生涯中期阶段员工积累了一定的经验，能够独立承担和开展工作，开始走向职业发展的顶峰，职业发展也呈复杂化和多元化的特征，既要力争在自己的专业领域保持领先水平，以自己积累的经验和丰富的知识获取更高的组织地位和更高的报酬，又要面对职业生涯中期的危机。同时家庭的负担也会在这个阶段显现出来，如何平衡工作家庭也成为这个阶段的员工面临的一项挑战。

（2）企业对员工职业生涯中期阶段的管理

首先，企业应促进员工的向职业的顶峰发展，可以针对员工个人的不同情况，分类指导和积极采用各种措施，促进职业发展，如为员工设计多种职业通道、提供继续教育和培训机会等；其次，扩大现有的工作内容和进行职业轮换，当员工在纵向的职业发展上遇到瓶颈时，可以适当地拓展员工的发展领域，让其从事其他职能领域的工作，让员工的工作增加挑战性或承担更大的责任，帮助员工找到工作兴趣和新的发展机会；最后，职业中期员工的人生感情复杂化，可能引发职业中期危机，员工需要重新审视自己的人生理想和现实的差距，考虑接受现实和争取看得见的前途等。企业应通过与员工的沟通，帮助员工解决实际问题，激励员工继续前进，使员工顺利地度过职业中期的危机。

3. 职业生涯后期管理

职业生涯后期阶段的员工有丰富的工作经验、娴熟的工作技能和人生阅历，但面临知识技能老化，职业工作能力和竞争力明显下降，对新生事物的敏感性下降，态度趋于保守，喜欢根据老经验办事和思考问题。在组织中的角色也明显发生变化，权力和责任渐渐削弱，其核心骨干的中心位置和作用逐步丧失。

首先，鼓励具有经验和技能优势的老员工多做"传、帮、带"工作，继续在组织内部发挥导师和顾问的作用，同时安排组织需要的管理专家和技术权威到相应的重要岗位上，让其发挥一技之长；其次，有计划地安排好人员的退休工作，尽早选拔和培养岗位接替人员，做好新老接替工作，以确保企业的正常运行；最后，对退休员工要更多地关心和照顾，很多员工无法接受自己即将退休的现实，在心理上会产生冲击和失落感，企业可以适时地开展座谈会，进行深入的沟通交流，了解员工的想法，有针对性地做好思想工作。

（三）职业生涯管理的开展步骤

企业有关职业生涯管理的思路和规划必须通过实际的操作才能落到实处，而这种实际的操作层面就需要依靠组织一系列的人力资源实务来作为沟通规划和现实的桥梁。具体而言，良好、顺畅的职业生涯管理体系需要以下几个方面的工作作为支撑：基础详细的职位分析，员工素质测评，建立与职业生涯管理相配套的培训与开发体系，制订完备的人力资源规划，制定完整、有序的职业生涯管理制度与方法等。

1. 详细的工作分析

工作分析对各个职位的工作内容和任职资格都做出了明确的规定和要求，依据这些信息，企业一方面可以安排员工到与他相适应的岗位上工作，同时为其安排后续的职业发展路径；另一方面，也可以结合员工未来的发展规划，为员工提供相应的培训与开发。与职业生涯管理相匹配的工作分析，应包括员工的基本资料、工作描述和工作规范三个部分内容。

（1）基本资料

基本资料包括工作编号、工作名称、工作类别、所属单位、直接上级、定员人数、管辖人员数、工资等级、工资水平、直接升迁的职务、可相互转换的岗位、由什么岗位升迁至此、其他可担任的岗位。

（2）工作描述

将各岗位的工作细分成条目，输入每个条目的编号、工作内容、基本功能和工作基准。其中，工作基准的确定是一项至关重要的工作。工作基准确定的基本原则是按优、良、中、差四个等级对岗位的每项工作做出明确的界定，尽可能采用量化指标。

（3）工作规范

工作规范包括最低学历、最低职称、适应年龄、适应性别、适应身高、适应体质、所需的专业训练、所需的上岗证书、所需的经验要求、所需的培训要求、适应性格、职业兴趣要求、智力要求、工作行为要求、气质要求、一般职业能力要求、特殊职业能力要求、领导类型、管理能力要求。

2. 员工基本素质测评

通过对员工进行素质测评，了解并记录员工的个性特点、智力水平、管理能力、职业兴趣、领导类型等各方面的信息，全面了解员工的长处和短处、优势和劣势，以便做好人员与岗位的匹配，实现科学合理的职业发展路径。员工素质测评可以使用以下工具：

①管理能力测评。应用情景模拟方法中的公文处理技术对每个管理人员或应聘人员的管理能力进行测评。

②智力测验。测验人的逻辑推理、言语理解、数字计算等方面的基本能力。

③卡特尔人格测验。测验人的内向或外向、聪明或迟钝、激进或保守、负责或敷衍、冒险敢为或胆小畏缩、情绪激动或情绪稳定等方面的个性特征。

④职业兴趣测验。职业兴趣分为现实型、企业型、研究型、社会型、艺术型、常规型六种。通过对人的职业兴趣的测验，有助于被试者选择适当的工作。

⑤气质测验。人的气质分为四种类型：胆汁质、多血质、黏液质、抑郁质。对人的气质的测验，有助于帮助被试者选择较适合的工作，有助于管理人员对被试者的了解。

⑥一般能力倾向测验。测验人的图形识别、空间想象、计算的速度与准确性、言语理解、词语组合等方面的能力倾向性。

⑦A 型行为与 B 型行为测量。A 型行为的人对自己要求较高，经常制订超出自己实际能力的计划，完不成计划又很焦虑。B 型行为的人随遇而安，不强迫自己紧张工作。

⑧LPC 领导测评。对每个管理人员或应聘人员的领导类型进行测评，确定其是否适合在当前职务上工作、哪些职务适合其进行工作、如何提高管理水平等。

3. 建立职业生涯相配套的培训与开发体系

在公司原有培训管理的基础上，根据对员工基本素质测评和职务分析的结果，找出员工在管理能力、智力、个性、领导类型等方面与本职工作所存在的差距，以及今后职业发展道路上会面临的问题，有针对性地拟订员工培训与开发方案，帮助他们尽快成长，以适应本职工作和今后职业发展的需要。依照绩效考核的结果，发现员工在工作中存在的问题，有针对性地拟订员工培训与开发方案，以适应本职工作和今后职业发展的需要。通过培训，进一步发现员工的潜在能力与特长，为其职业生涯的规划打下良好的基础。

4. 制订较完备的人力资源规划

企业的人力资源规划包括总体规划和业务规划，其中业务规划包括人员补充计划、人员配置计划、人员接替和提升计划划、人员培训与开发机会、退休解聘计划等内容。这些内容都与员工在组织内的职业发展历程息息相关，直接影响着员工的职业发展。企业的人力资源规划应该与职业生涯管理一脉相承，两者之间要保持一致，以这些规划作为原则和指导，并将其落实到每位员工的身上，构建一套相互衔接的人力资源规划和职业生涯管理体系。

5. 制定完整、有序的职业生涯管理制度与方法

没有规矩不成方圆，企业中的晋升、调动更是如此。为了保证企业的有序运作和内部的公平性，企业必须制定完整、有序的职业生涯管理制度与方法。任何员工的升迁、调动等行为都要在制度的框架内运作，保证制度的权威性。在这方面，组织应该做到以下三点：一是制定完备的员工职业生涯管理制度和管理规划，并且让员工充分了解单位的企业文化、经营理念和管理制度等；二是通过各种方式让员工了解内部劳动力市场信息，如在网上公布职位空缺信息、介绍职业阶梯或职业通道、建立职业资源中心等；三是提供丰富的内部晋升渠道帮助员工实现职业的发展，如建立内部竞聘制度。

第五章　劳动关系管理

第一节　劳动关系与劳动合同管理

一、劳动关系管理的概述

（一）劳动关系管理的基本概念

1. 劳动关系的概念

劳动关系有广义与狭义之分。广义的劳动关系泛指劳动者与劳动力使用者为实现生产过程所结成的社会经济关系。狭义的劳动关系即企业劳动关系，专指劳动者与用人单位为实现生产过程而提供劳动服务所建立或结成的社会经济关系。

2. 劳动关系的类型

作为劳动法调整对象的劳动关系，包括宏观和微观两个方面。从宏观而言，主要包括三个层面的内容，即个别劳动关系、集团或团体劳动关系、社会劳动关系或产业关系。微观而言，企业劳动关系的类型有如下四种：所有者与全体员工的关系、经营管理者与普通员工的关系、经营管理者与工人组织的关系、工人组织与职工的关系。

（二）劳动关系管理的内容

从法律的视角看，劳动关系管理的内容主要包括劳动人事合同管理（包括劳动合同管理与集体合同管理）、劳动争议管理、劳动者基本保障管理（职工卫生安全与社会保险等）。

二、劳动合同管理

劳动合同是劳动关系的起点，也是协调劳动关系的法律依据。

（一）劳动合同的概述

1. 劳动合同的概念

劳动合同亦称劳动契约，是劳动者与企业确立劳动关系、明确双方权利和义务的协议。劳动合同是确立劳动关系的法律依据，根据《中华人民共和国劳动合同法》等劳动法律、法规，依法订立的劳动合同，受到国家法律的保护，对订立合同的双方当事人产生约束力。

2. 劳动合同的类别

劳动合同按不同的划分标准，主要有以下类别：

①按订立合同的具体目的不同分为录用合同、聘用合同、借调合同、内部上岗合同、培训合同等。

②按在同一份劳动合同上签约的劳动者人数不同分为单个劳动合同和集体劳动合同。

③按劳动合同的期限不同分为有固定期限的劳动合同、无固定期限的劳动合同和以完成一定的工作为期限的劳动合同。有固定期限的劳动合同须在合同书中明确合同期限。无固定期限的劳动合同应在合同书中明确规定终止、解除劳动合同的条件。以完成一项工作为期限的劳动合同是以某项工程任务完成期限作为合同期限。

3. 劳动合同的法律约束力

《劳动合同法》规定，依法订立的劳动合同具有约束力，用人单位与劳动者应当履行劳动合同约定的义务。劳动合同所具有的法律约束力主要表现在以下五个方面：

①劳动合同一经依法订立，企业与劳动者之间的劳动关系就得以确立，即产了法律意义上的劳动权利义务关系。

②当事人必须严格履行劳动合同中所规定的义务，一方当事人也有权要求对

方当事人全面履行劳动合同所确定的义务。一方违反合同不履行义务，对方有权要求赔偿由此而造成的经济损失，必要时，可请求调解、仲裁或诉诸人民法院保护自己的合法权益。

③未经协商，当事人不得任意变更、增减合同内容或终止合同，否则视为违反劳动合同而承担法律责任。

④企业法人代表的更换，不影响劳动合同的法律约束力。法人代表所签订的劳动合同，并不是以个人名义签订的，权利义务应由法人直接承担。因此，不论出于何种原因，只要劳动合同依法订立，就不因法人代表更换而影响劳动合同的法律效力，后任法人代表必须履行原订劳动合同所确定的义务。

⑤任何企业和个人不得非法干预当事人履行劳动合同所确定的义务。由于第三人的非法干预造成一方违约而使另一方遭受经济损失的，第三人应承担连带赔偿责任。

（二）劳动合同的签订

劳动关系确立的标志是劳动合同的签订。《劳动合同法》规定，建立劳动关系应当订立书面劳动合同。劳动合同依法订立即具有法律约束力，当事人必须履行劳动合同约定的义务。《中华人民共和国劳动合同法》规定，订立和变更劳动合同，应当遵循合法、公平、平等自愿、协商一致、诚实信用的原则。

1. 签订劳动合同的主体

劳动合同是我国合同制度中的一种，是为确定劳动关系而订立的。因此，只有劳动关系的双方当事人才具有订立劳动合同的资格。他们一方是享有招工权的企业；另一方是年满16周岁以上的劳动者。订立劳动合同时，企业可以由法定代表人（厂长或经理、主要负责人）签订，也可以由其授权的劳资部门负责人签订；劳动者则由本人签订。

2. 劳动合同的内容

一份完整的劳动合同内容应该包括以下内容：用人单位的名称、住所和法定代表人或者主要负责人；劳动者的姓名、住址和居民身份证或者其他有效身份证件号码；劳动合同期限；工作内容和工作地点；工作时间和休息休假；劳动报酬；社会保险；劳动保护、劳动条件和职业危害防护；法律、法规规定应当纳入劳动合同的其他事项。

劳动合同除前款规定的必备条款外，用人单位与劳动者可以约定试用期、培训、保守秘密、补充保险和福利待遇等其他事项。

3. 签订劳动合同的程序

（1）签订劳动合同

劳动合同书要在双方介绍各自的实际情况的基础上签订。企业应如实介绍本企业生产、工作环境和条件以及具体生产任务。劳动者应如实介绍自己的专长和身体健康状况。双方经协商，就劳动合同的内容取得一致意见后，签名盖章，用人单位要盖法人章，劳动者须本人签名或盖本人名章。

（2）鉴证劳动合同

根据原劳动部颁发的《劳动合同鉴证实施办法》的有关规定，签订劳动合同时，应由劳动行政部门为当事人提供鉴证，依法审查、证明劳动合同的真实性和合法性，以利于劳动合同的认真履行，而且一旦发生劳动争议时，也便于调解和仲裁。

三、劳动合同的履行

劳动合同的履行，是指企业劳动合同订立以后，劳动者和管理者双方当事人按照合同条款的要求，共同实现劳动过程和相互履行权利和义务的行为与过程。

（一）劳动合同履行的种类

劳动合同的履行，分为全部履行和不适当履行两种。

①全部履行：是指合同双方当事人履行合同中规定的全部义务和实现合同中规定的全部权利。

②不适当履行：是指合同双方当事人或一方当事人只履行合同中规定的部分义务，或只实现合同中规定的部分权利。

劳动合同履行的理想模式是全部履行，双方当事人均实现自己的全部权利和履行自己的全部义务；但由于某些原因，包括双方当事人自己的责任、企业经营状况的变化以及社会经济宏观环境的改变等，都可能使得双方当事人不能够或不愿意按照合同的条款一一履行，这时，就出现了合同的不适当履行。从政府和立法角度来说，要尽量避免和减少企业劳动合同的这种不适当履行，或尽量减少合同条款的不履行程度和比例，促进合同的全部履行，或提高合同的履行程度和比例。

（二）劳动合同履行的原则

①实际履行的原则。即合同双方当事人要按照合同规定的标的履行自己的义务和实现自己的权利，不得以其他标的或方式来代替。

②亲自履行原则。即双方当事人要以自己的行为履行合同规定的义务和实现合同规定的权利，不得由他人代为履行。

③正确履行原则。即当事人要按照合同规定的内容，原原本本地全面履行，不得打折扣，不得改变合同的任何内容和条款。合同正确履行的原则实际上包括三方面的内容：一是实际履行；二是亲自履行；三是全面履行。

④协作履行的原则。即双方当事人在合同的履行过程中要发扬协作精神，要互相帮助，共同完成合同规定的义务，共同实现合同规定的权利。任何一方都要保证自己能够实际、亲自、全面和正确地履行合同的内容和条款，这是协作的前提。在合同的履行过程中，双方当事人要相互关心，并进行必要的相互检查和监督；遇到问题，双方都要寻找解决问题的办法，提出合理化建议。合同没有得到正确的履行或发生不适当履行时，任何一方违约，另一方都要帮助纠正。

（三）劳动合同的变更

劳动合同的变更，是指劳动合同在履行过程中，经双方协商一致，对合同条款进行的修改或补充，具体包括工作内容、工作地点、工资福利的变更等。劳动合同的变更，其实质是双方的权利、义务发生改变。合同变更的前提是双方原已存在着合法的合同关系，变更的原因主要是客观情况发生变化，变更的目的是继续履行合同。劳动合同的变更一般限于内容的变更，不包括主体的变更。

1. *劳动合同变更的条件*

①经双方协商同意的。

②订立劳动合同所依据的法律、法规已经修改或失效的。

③劳动合同期限虽满，但依法不得终止劳动合同的。

④劳动合同订立时所依据的客观情况发生重大变化，致使原劳动合同部分条款无法履行的。

⑤符合劳动合同约定的变更条件的。

2. *劳动合同变更的程序*

①当事人要求变更劳动合同，应当填写《变更劳动合同通知书》，并及时送交对方，由对方当事人在《通知回执》上签收。

②被通知方接到《通知书》后，应在七日内就是否同意变更劳动合同书面答复通知方。逾期不答复的，视为同意按对方的要求变更劳动合同。

③双方同意变更劳动合同的，应及时就变更的条件和内容进行协商；经协商达到一致意见的，应签订《变更劳动合同协议书》；一方当事人不同意变更劳动合同或经双方协商不能就变更劳动合同达成一致意见的，双方应继续履行劳动合同。

④《变更劳动合同协议书》一式两份，送劳动行政部门鉴证后，由双方各持一份。

（四）劳动合同的解除

劳动合同的解除，是指双方当事人提前终止劳动合同的履行，结束双方的劳动权利和义务关系。对于企业劳动合同的解除，多数国家都有自己的立法规定，并有各自严格的限制条件和程序。

1. *劳动合同解除的条件*

（1）双方协商解除劳动合同

《中华人民共和国劳动法》规定，经劳动合同当事人协商一致，劳动合同可以解除。

（2）用人单位解除劳动合同

第一，因劳动者过失解除劳动合同。

第二，非因劳动者过失解除劳动合同。

（3）劳动者解除劳动合同

《劳动合同法》规定，劳动者提前30日以书面形式通知用人单位，可以解除劳动合同。劳动者在试用期内提前三日通知用人单位，可以解除劳动合同。

2. 劳动合同解除的程序

（1）合同解除的事前环节

很多国家的劳动立法规定，企业管理者在向劳动者发出解除合同关系以前，要经过一些必要的环节。这些环节主要有：①对劳动者进行批评教育、纪律处分或解除警告等；②征求工会或有关职工的意见；③向主管部门或行政当局报告并经批准。

（2）签订合同解除的协议或发出合同解除的通知

合同的解除一般要由双方当事人就解除的日期和法律后果等依法签订书面协议；一方决定的解除也要由决定方向对方发出书面通知。

（3）合同解除的事后环节

合同当事人就合同解除签订协议或发出通知后，依法还要经过以下环节：

①工会出面。工会有权对有关合同的解除发表自己的意见，合同解除方尤其是企业管理者应当认真研究和对待工会的意见。

②争议处理。若合同解决出现争议，须经过调节、仲裁、诉讼或其他的办法来加以处理。

③备案。合同的解除还要由企业报主管部门或行政当局备案。

（五）劳动合同的终止

劳动合同的终止有狭义和广义之分。狭义的劳动合同终止，是指双方当事人已经履行完毕合同约定的所有权利和义务，或其他法律事实的出现致使双方当事人劳动关系不复存在，且任何一方均没有提出继续保持劳动关系的请求，合同就此终止了法律效力。广义的劳动合同终止，不仅包括狭义的劳动合同终止，而且还包括劳动合同的解除。这里指的是狭义的劳动合同终止。劳动合同终止的条件和原因有以下六种：

①合同期限已满。定期企业劳动合同在合同约定的期限届满后，除非双方当事人依法续订或依法延期，否则合同即行终止。

②合同目的已经实现。以完成一定的工作为期限的企业劳动合同在其约定工作完成以后，或其他类型的企业劳动合同在其约定的条款全部履行完毕以后，合

同因目的的实现而自然终止。

③合同约定的终止条件出现。企业劳动合同或集体合同对企业劳动合同约定的终止条件出现以后，企业劳动合同就此终止。

④当事人死亡。劳动者一方死亡，合同即行终止；雇主一方死亡，合同可以终止，也可以因继承人的继承或转让第三方而使合同继续存在，这要依实际情况而定。

⑤劳动者退休。劳动者因达到退休年龄或丧失劳动能力而办离退休手续后，合同即行终止。

⑥企业不复存在。企业因依法宣告破产、解散、关闭或兼并后，原有企业不复存在，其合同也告终止。

第二节　单位内部劳动规划与标准

一、用人单位内部劳动规则

(一) 用人单位内部劳动规则的概述

1. 用人单位内部劳动规则的含义

用人单位内部劳动规则（以下简称内部劳动规则），是用人单位依据国家劳动法律、法规的规定，结合用人单位的实际，在本单位实施的，为协调劳动关系，并使之稳定运行，合理组织劳动，进行劳动管理而制定的办法、规定的总称。

这一概念有三层含义：首先，它是用人单位规章制度的组成部分，除组织劳动过程和进行劳动管理方面的规章制度之外，其他方面的规章制度不属于用人单位内部劳动规则；其次，用人单位内部劳动规则只能在用人单位内部适用；最后，用人单位内部劳动规则对用人单位和劳动者具有约束力。内部劳动规则和劳动合同、集体合同都是确定劳动关系当事人双方权利和义务的重要依据，都是协调劳动关系的重要手段。

2. 用人单位内部劳动规则的内容

（1）劳动合同管理制度

①员工招收录用计划的审批、执行权限的划分；

②员工招收录用条件、招工简章、劳动合同草案、有关专项协议草案审批权限的确定；

③应聘人员相关材料保存办法；

④员工档案的管理办法；

⑤劳动合同履行的原则；

⑥试用期考察办法；

⑦劳动合同续订、变更、解除事项的审批办法；

⑧解除、终止劳动合同人员的档案移交办法、程序；

⑨集体合同草案的拟定、协商程序；

⑩劳动合同管理制度修改、废止的程序等。

（2）劳动纪律

①含义

劳动纪律是企业依法制定的，全体员工在劳动过程中必须遵守的行为规则。其作用在于维护正常的生产、工作秩序。

②主要内容

A. 时间规则。作息时间、考勤办法、请假程序和办法等。B. 组织规则。企业各直线部门、职能部门或各组织部分及各类层级权责结构之间的指挥、服从、接受监督、保守商业秘密等的规定。C. 岗位规则。劳动任务、岗位职责、操作规程、职业道德等。D. 协作规则。工种、工序、岗位之间的关系，上下层次之间连接、配合等。E. 品行规则。言语、着装、用餐、礼节等规则。F. 其他规则。

③制定劳动纪律的要求

A. 合法性：劳动纪律的内容必须合法。B. 全面性：劳动纪律的内容应当全面约束管理行为和劳动行为，工作纪律、组织纪律、技术纪律全面规定，使各种岗位行为与职责都做到有章可循、违章可究。C. 一致性：标准一致。D. 完整性：劳动纪律应当结构完整。

3. 劳动定员定额规则

（1）主要内容

①编制定员规则。企业依据自身的实际情况制定企业机构的设置和配备各类人员的数量界限。除法律、行政法规规定的以外，企业根据生产经营的实际需要，自主决定内部机构的设立、调整、撤并和人员配备。②劳动定额规则。在一定生产技术水平和组织条件下，企业制定的劳动者完成单位合格产品或工作需要的劳动消耗量标准。分为工时定额和产量定额。

（2）注意事项

①必须紧密结合企业现有的生产技术组织条件，确定定员水平，应执行适合本企业的技术组织条件的定员标准，对于强制性定员标准应严格执行，并严格履行定员制定程序。②制定劳动定额的技术组织条件必须是企业现有的或按照劳动合同的规定企业可以提供的条件，不能超过这种约定条件的劳动定额标准。③劳动定额所规定的劳动消耗量标准应当以法定工作时间为限，并符合劳动安全卫生的要求。④制定、修订劳动定员定额的程序必须合法。

4. 劳动岗位规范制定规则

劳动岗位规范是企业根据劳动岗位的职责、任务和生产手段的特点对上岗员工提出的客观要求的综合规定。劳动岗位规范是安排员工上岗，签订上岗协议和对员工进行岗位考核的依据和尺度。具体包括以下四项内容：

①岗位名称；

②岗位职责；

③生产技术规定；

④上岗标准等。

5. 其他制度

其他制度包括工资制度、福利制度、考核制度、奖惩制度、培训制度等。

（二）用人单位内部劳动规则的制定和程序

1. 制定内部劳动规则是用人单位的权利和义务

内部劳动规则的制定，一方面，是用人单位对职工的权利，即用人单位的经营权和用人权中必然含有内部劳动规则制定权；另一方面，是用人单位对国家的义务，即用人单位必须以制定内部劳动规则作为其行使经营权和用人权的一种主要方式。在许多立法例中，同时赋予用人单位制定内部劳动规则的义务。

2. 用人单位制定内部劳动规则的程序

各国劳动法关于用人单位内部劳动规则的制定程序，一般只做原则性规定。《内部劳动规则》的制定程序中，既有法定程序，也有非法定程序。法定程序是法律规定的程序，非法定程序是用人单位自行规定的环节或者有关国家机关指定必备的环节。

用人单位内部劳动规则制定程序中的法定程序，一般有以下三个环节。

（1）劳动者参与

内部劳动规则虽然是用人单位制定的，但是只有在吸收和体现了劳动者的意志，或者得到劳动者认同的情况下，才能确保其实施，因而劳动法要求内部劳动规则制定程序中应当有劳动者参与的环节。

（2）报送审查或备案

内部劳动规则涉及劳动法规政策的实施，同职工利益密切相关，为了保证内部劳动规则合法和保护全体职工利益，需要将内部劳动规则的制定置于国家的监督之下。

（3）正式公布

内部劳动规则是以全体劳动者为约束对象，应当为劳动者所了解，才能遵照执行，因此要求用人单位内部劳动规则必须正式公布。在我国，立法应当明确要求，内部劳动规则必须由用人单位法定代表人签署并加盖公章，以正式文件的形式公布，从公布之日起生效，未经公布则不能生效。

（三）用人单位内部劳动规则的法律效力

1. 用人单位内部劳动规则具有法律效力

在我国，一般认为，用人单位内部劳动规则并不是法律，但具有法律效力。

（1）用人单位内部劳动规则的效力来自法律的赋予

《劳动法》规定，用人单位应当依法建立和完善规章制度，劳动者应当遵守劳动纪律。

（2）用人单位内部劳动规则是法律的延伸和具体化

用人单位内部劳动规则的主要内容都是依据有关法律制定的，是对有关法律法规内容的具体展开。因此可以说，内部劳动规则是实施劳动法律规范的必要手段，法律应当赋予内部劳动规则以效力。

（3）用人单位内部劳动规则是劳动合同的附件

在劳动合同订立过程中，劳动者有权了解用人单位内部劳动规章，用人单位订立劳动合同并在合同中约定劳动者应当遵守劳动纪律，用人单位应当按照本单位规章制度提供劳动条件和劳动待遇，这表明劳动者承认内部劳动规则并愿意受其约束。

（4）用人单位内部劳动规则是实现劳动过程的自治规范

用人单位内部劳动规则是用人单位和劳动者依法自律的手段，反映了用人单位和全体劳动者的共同意志，法律应当认定其法律效力。

2. 用人单位内部劳动规则生效的必要条件

（1）制定主体合法

内部劳动规则只能由单位行政制定，但并非单位行政中的任何一个管理机构都有权制定内部劳动规则。一般认为，有权代表用人单位制定内部劳动规则的，应当是单位行政系统中处于最高层次、对于用人单位的各个组成部分和全体劳动者有权实行全面和统一管理的机构。

（2）制定程序合法

在制定内部劳动规则的过程中，凡属于法定必要程序，都必须严格执行；集体合同和既存有效内部劳动规则对制定程序若有规定的，也应当遵循。

（3）内容必须合法

用人单位内部劳动规则的效力来自法律的赋予，其内容只有符合法律的规定才能产生法律效力。

二、工作时间与最低工资标准

（一）工作时间制度

1. 工作时间的概念

工作时间又称法定工作时间，是指劳动者为履行劳动给付义务，在用人单位从事工作或生产的时间，即法律规定或劳动合同、集体合同约定的，劳动者在一定时间内必须用来完成其所担负工作的时间。

工作时间是由法律直接规定或由合同约定的，劳动者不遵守工作时间要承担相应的法律责任。工作时间的法律范围包括以下工作时间形式：

①劳动者实际从事生产或工作所须进行准备和结束工作的时间；

②劳动者实际完成工作和生产的作业时间；

③劳动者在工作过程中自然需要的中断时间；

④工艺中断时间、劳动者依法或单位行政安排离岗从事其他活动的时间；

⑤连续从事有害健康工作需要的间歇时间等。

2. 工作时间的种类

（1）标准工作时间

标准工作时间是指国家法律制度规定的，在正常情况下劳动者从事工作或劳动的时间。标准工作时间为：职工每昼夜工作 8 小时为标准工作日；每周 40 小时为标准工作周，即每周工作 5 天，休息 2 天。结合休息休假制度中的有关公休日和法定节假日的规定，每月标准工作时间为 20.92 天，折算为每月 167.4 小时。

标准工作时间是其他工作时间制度的基础。

（2）计件工作时间

计件工作时间以劳动者完成一定劳动定额为标准的工作时间，是标准工作时间的转换形式。

（3）综合计算工作时间

综合计算工作时间是指因用人单位生产或工作特点，劳动者的工作时间不宜以日计算，需要分别以周、月、季、年等为周期综合计算工作时间长度的工时制度。

适用此种工时制度时，以一定周期计算，其平均计算的工时长度应与法定标准工作时间基本相同，超过的部分，则视为延长工作时间。但在社会公休日（如周六、日工作的）工作的，视为正常工作日工作，不计为延长工作时间，而法定节假日工作的应按延长工作时间处理。此种工时制度的适用范围是：

①交通、铁路、邮电、航空、水运渔业等工作性质特殊、须连续作业的职工；

②地质资源勘探、建筑、制盐、制糖、旅游等受季节和自然条件限制的行业的部分岗位或工种的职工；

③其他适合实行综合计算工时工作制的职工。

（4）不定时工作时间

不定时工作时间是指每日没有固定工作时间的工时制度。此种工时制度基本上按照标准工时执行，在特别需要的情况下，其工作时间超过标准工作时间长度的，可以不受限制，且超过部分不计为延长工作时间。此种工时制度适用于下列岗位或工种的职工：

①企业中的高级管理人员、外勤人员、推销人员和其他因工作无法按照标准工作时间衡量的职工；

②企业中的长途运输人员，出租汽车司机，铁路、港口、仓库的部分装卸人员，以及因工作性质特殊，须进行机动作业的职工；

③其他因生产特点工作特殊需要或职责范围的关系，适合实行不定时工作的职工。

（5）缩短工作时间

缩短工作时间是指在特殊情况下，劳动者实行的少于标准工作时间长度的工作时间制度。此种工时制度的适用范围为以下工种或岗位：

①从事矿山、井下、高山、高温、低温、有毒有害、特别繁重或过度紧张的劳动的职工；

②从事夜班工作的职工；

③在哺乳期工作的女职工；

④其他依法可以实行缩短工作时间的职工，如未成年工、怀孕七个月以上工作的女职工等。

3. 工作时间的延长

延长工作时间是指超过标准工作时间继续进行工作的时间。通常表现为加班、加点。加班通常是指在法定节日公休假进行工作；加点通常是指在超过标准工作日工作时长进行工作。

（1）正常情况下延长工作时间

①由于生产经营需要。生产经营需要主要是指紧急生产任务，如不按期完

成，就要影响用人单位的经济效益和职工的收入，在这种情况下，才可以延长职工的工作时间。

②必须与工会协商。用人单位决定延长工作时间的，应把延长工作时间的理由、人数、时间长短等情况向工会说明，征得工会同意后，方可延长职工工作时间。

③必须与劳动者协商。用人单位决定延长工作时间，应进一步与劳动者协商，因为延长工作时间要占用劳动者的休息时间，所以只有在劳动者自愿的情况下才可以延长工作时间。

（2）允许延长工作时间的一般条件

允许延长工作时间的一般条件，即非正常情况下延长工作时间，是依据《劳动法》规定，遇到下列情况，用人单位延长工作时间可以不受正常情况下延长工作时间的限制：

①发生自然灾害、事故或者其他原因，威胁劳动者生命健康和财产安全，需要紧急处理的；

②生产设备、交通运输线路、公共设施发生故障影响生产和公众利益，必须及时抢修的；

③法律、法规规定的其他情形，如法定节假日、公休日生产不能间断的，必须利用节假日、公休日的停产期间进行设备检修、保养的，完成国防紧急任务或者事关社会公益的任务，商业在旺季要完成收购、运输等紧急任务的。

（3）限制延长工作时间的措施

①条件限制。用人单位由于生产经营需要，经与工会和劳动者协商方可延长工作时间。

②时间限制。用人单位延长工作时间，一般每日不得超过 1 小时，特殊情况不能超过 3 小时，一个月累计不能超过 36 个小时。

③延长工作时间支付劳动报酬标准。用人单位应当以高于劳动者正常工作时间的工资标准支付延长工作时间的劳动报酬，其标准是：法定标准工作时间以外延长工作时间的按照不低于劳动合同规定的劳动者本人小时工资标准的 150% 支付劳动报酬；劳动者在休息日工作，而又不能安排劳动者补休的，按照不低于劳动合同规定的劳动者本人日或小时工资标准的 200% 支付劳动报酬；劳动者在法

定节假日工作的，按照不低于劳动合同规定的劳动者本人小时工资标准的300%支付劳动报酬。

④人员限制。怀孕七个月以上和哺乳未满一周岁婴儿的女职工，不得安排其加班。

（二）最低工资保障制度

1. 最低工资的含义

最低工资是国家以一定的立法程序规定的，劳动者在法定时间内提供了正常劳动的前提下，其所在单位应支付的最低劳动报酬。

最低工资标准一般采取月最低工资标准和小时最低工资标准的形式，月最低工资标准适用于全日制就业劳动者，小时最低工资标准适用于非全日制就业劳动者。国家实施最低工资制度，其基本出发点是维护市场经济秩序，保护劳动者的合法权益以及规范用人单位的工资分配行为。

2. 最低工资制度的适用范围

①最低工资适用于我国境内的企业、个体经济组织和与之建立劳动关系的劳动者。

②国家机关、社会团体、事业组织和与之建立劳动关系的劳动者，都应实行最低工资制度。

3. 最低工资标准确定和调整的步骤

①国家不实行全国统一的最低工资标准，即使在省、自治区、直辖市的范围内，不同行政区域也可以有不同的最低工资标准。

②最低工资标准的确定和调整采用"三方性"原则，即在国务院劳动行政主管部门的指导下，由省、自治区、直辖市人民政府劳动行政主管部门会同同级工会、企业家协会研究拟订，并将拟订的方案报送人力资源和社会保障部。方案内容包括最低工资确定和调整的依据、适用范围、拟订标准和说明。

③人力资源和社会保障部在收到拟订方案后，应征求全国总工会、中国企业联合会、企业家协会的意见。人力资源和社会保障部对方案可以提出修订意见，若在方案收到后14日内未提出修订意见的，视为同意。

④省、自治区、直辖市劳动保障行政部门应将本地区最低工资标准方案报省、自治区、直辖市人民政府批准，并在批准后 7 日内在当地政府公报上和至少一种全地区性报纸上发布。省、自治区、直辖市劳动保障行政部门应在发布后 10 日内将最低工资标准报人力资源和社会保障部。

⑤用人单位应在最低工资标准发布后 10 日内将该标准向本单位全体劳动者公示。

⑥最低工资标准发布实施后，如制定最低工资标准所应考虑的相关因素发生变化，应当适时调整。最低工资标准每两年至少调整一次。

4. 确定和调整最低工资的考虑因素

①劳动者本人及平均赡养人口的最低生活费用；

②社会平均工资水平；

③劳动生产率；

④就业状况；

⑤地区之间经济发展水平的差异。

一般来说，最低工资标准应高于社会救济金和失业保险金标准。

5. 最低工资的给付

首先，在劳动者提供正常劳动的情况下，用人单位应支付给劳动者的工资在剔除下列各项以后，不得低于当地最低工资标准（最低工资不应包括以下项目）：延长工作时间工资；中班、夜班、高温、低温、井下、有毒有害等特殊工作环境、条件下的津贴；个人缴的养老、医疗、失业保险费和住房公积金；伙食补贴（饭贴）、上下班交通费补贴、住房补贴法律、法规规定的劳动者福利待遇等。

其次，实行计件工资或提成工资等工资形式的用人单位，在科学、合理的劳动定额基础上，其支付劳动者的工资不得低于相应的最低工资标准。

再次，劳动者由本人原因造成在法定工作时间内或依法签订的劳动合同约定的工作时间内未提供正常劳动的，不适用最低工资规定。

最后，企业支付工资低于最低工资标准的，由劳动保障部门责令其限期补发所欠劳动者工资，并可责令其按所欠工资的 1~5 倍支付劳动者赔偿金。

（三）工资支付保障

工资支付保障是对劳动者获得全部应得工资及其所得工资支配权的法律保护。工资支付保障比最低工资制度对劳动权的保护和劳动关系的调整更进一步，因为它不仅在于确定工资，而且发展到全部工资及其工资支付行为。工资支付保障主要包括工资支付的一般规则和特殊情况下的工资支付。

1. 工资支付的一般规则

（1）货币支付

工资应当以法定货币支付，不得以实物、有价证券替代货币支付。

（2）直接支付

用人单位应将工资支付给劳动者本人。劳动者本人因故不能领取工资时，可由其亲属或委托人代领；用人单位可委托银行代发工资；用人单位在支付工资时应向劳动者提供一份其个人的工资清单。

（3）按时支付

工资应当按照用人单位与劳动者约定的日期支付，如遇节假日或休息日，则应提前在最近的工作日支付；工资至少每月支付一次，对于实行小时工资制和周工资制的人员，工资也可以按日或周支付。对完成一次性临时劳动或某项具体工作的劳动者，用人单位应按有关协议或合同规定在其完成劳动任务后按合同约定时间支付工资。按时支付工资意味着不得无故拖欠。"无故拖欠"不包括以下情形：

①用人单位遇到不可抗力的影响，无法按时支付工资；

②用人单位确因生产经营困难、资金周转受到影响，在征得本单位工会同意后，可暂时延期支付劳动者工资（延期时间的最长限制可由各省、自治区、直辖市劳动行政部门根据各地情况确定）。

除上述情况外，拖欠工资均属无故拖欠。

（4）全额支付

劳动法规定，用人单位不得克扣劳动者工资，在正常情况下工资应当全额支付，但是，有以下情况之一的，用人单位可以代扣劳动者工资：

①用人单位代扣代缴的个人所得税；

②用人单位代扣代缴的应由劳动者个人负担的各项社会保险费用；

③法院判决、裁定中要求代扣的抚养费、赡养费;

④法律、法规规定可以从劳动者工资中扣除的其他费用。

2. 特殊情况下的工资支付

①劳动关系双方依法解除或终止劳动合同时,用人单位一次性付清劳动者工资。

②劳动者在法定工作时间内依法参加社会活动期间,或者担任集体协商代表履行代表职责,参加集体协商活动期间,用人单位应当视同其提供正常劳动支付工资。包括:A. 依法行使选举权或被选举权;B. 当选代表出席政府、党派、工会、妇女联合会等组织召开的会议;C. 出席劳动模范、先进生产(工作)者大会;D. 不脱产基层工会委员会委员因工会活动占用的生产或工作时间;E. 其他依法参加的社会活动。

③劳动者依法休假期间,用人单位应按劳动合同规定的标准支付工资。包括:A. 劳动者依法享受年休假、探亲假、婚假、丧假等休假期间,用人单位应当支付其工资;B. 劳动者患病或者非因工负伤的,在病休期间,用人单位应当根据劳动合同或集体合同的约定支付病假工资。用人单位支付病假工资不得低于当地最低工资标准的80%;C. 劳动者生育或者施行计划生育手术依法享受休假期间,用人单位应当支付其工资;D. 劳动者因产前检查和哺乳依法休假的,用人单位应当视同其提供正常劳动支付工资;E. 部分公民节日期间,如妇女节、青年节等部分公民节日期间,用人单位安排劳动者休息、参加节日活动的,应当视同其提供正常劳动支付工资,劳动者照常工作的,可以不支付加班工资。

④用人单位停工、停业期间的工资支付。非因劳动者本人原因造成用人单位停工、停业的,在一个工资支付周期内,用人单位应当按照正常劳动支付劳动者工资;超过一个工资支付周期的,可以根据劳动者提供的劳动,依照双方新约定的标准支付工资,但不得低于当地最低工资标准;用人单位没有安排劳动者工作的,一般应当按照不低于当地最低工资标准的70%支付劳动者基本生活费;如果集体合同、劳动合同另有约定的,可按照约定执行。

⑤用人单位破产、终止或者解散的工资支付。用人单位破产、终止或者解散的,经依法清算后的财产应当按照有关法律、法规、规章的规定,优先用于支付劳动者的工资和社会保险费。

第三节 职业安全卫士和劳动保护管理

一、职业安全卫生风险的概述

众所周知，在人们的工作活动或工作环境中，总是存在这样或那样潜在的危险源，称为职业性有害因素，主要是在工作场所中存在的各种有害的化学、物理、生物等环境因素及在作业过程中产生的对健康有害的因素。职业性有害因素是发生职业病的直接原因。职业性有害因素可分为以下三类：

（一）生产过程中产生的有害因素

①化学因素，包括有毒物质、生产性粉尘。

②物理因素，包括异常气象条件、异常气压、噪声、振动、电离辐射等。

③生物因素，包括致病微生物、传染病媒介物、致害动植物等。

（二）劳动过程中的有害因素

①劳动组织和制度的不合理。

②劳动中的精神过度紧张。

③劳动强度过大或劳动安排不当。

④个别器官或系统过度紧张。

⑤长时间处于某种不良的体位，或使用不合理的工具设备等。

（三）与一般卫生条件和卫生技术设施不良有关的有害因素

①缺乏必要的卫生工程技术设施，如缺乏通风换气或照明设备。

②缺乏防尘、防毒等措施，或设备不完好。

③安全防护设备和个人防护用品方面有缺陷。

人们将某一或某些危险引发事故的可能性和其可能造成的后果称为风险。风险可用发生概率、危害范围、损失大小等指标来评定。现代职业安全卫生管理的对象就是职业安全卫生风险。

职业安全卫生风险一旦引发事故，会给职工和企业带来严重的损失。我国是社会主义国家，劳动者是国家的主人。在劳动保护方面，我国出台了相应的法律法规，以保护劳动者在完成生产任务和工作任务的同时，有效地保护其身心健康。

二、安全生产管理

安全生产主要体现在企业在生产过程中要严格执行劳动安全技术规程。

劳动安全技术规程是国家为了防止和消除在生产过程中的伤亡事故，保障劳动者的生命安全和减轻繁重体力劳动，以及防止生产设备遭到破坏而制定的法律规范，主要包括以下方面内容：

（一）工厂安全技术规程

工厂在生产经营活动过程中，必须达到的安全技术方面基本要求，主要有：①厂房、建筑物和道路的安全设施；②工作场所的安全设施；③机器设备的安全设施；④电器设备的安全装置；⑤动力锅炉、压力容器的安全装置。

（二）矿山安全法规制度

对矿山企业在生产过程中的安全方面进行了规范，主要有：①矿山建设的安全保障；②矿山开采的安全保障；③矿山企业的安全管理；④矿山安全的监督和管理；⑤矿山事故的处理；⑥法律责任。

（三）建筑安装工程安全技术规程

对建筑施工安装工程安全技术管理方面提出了一般安全的基本要求，如施工的一般安全要求、施工现场、脚手架、土石方工程、机电设备和安装、拆卸工程、防护用品等规定。

三、职业卫生管理

企业必须建立、健全劳动安全卫生制度，执行国家劳动安全卫生规范和标准，为劳动者提供符合劳动安全卫生标准的劳动条件。这主要体现在企业在生产过程中必须执行劳动卫生规程。

劳动卫生规程指国家为了保护劳动者在生产、工作过程中的健康，防止和消除职业危害而制定的各种法律规范的总和，包括各种以工业生产卫生、医疗预防、健康检查等技术和组织管理措施的规定。

劳动卫生规程的主要内容有：①防止有毒、有害物质的危害；②防止粉尘的危害；③防止噪声和强光刺激；④防暑降温和防冻取暖；⑤通风和照明；⑥个人防护用品和生产辅助设施；⑦疾病预防。

四、劳动保护的概述

（一）目的

劳动保护的目的是为劳动者创造安全、卫生、舒适的劳动工作条件，消除和预防劳动生产过程中可能发生的伤亡、职业病和急性职业中毒，保障劳动者以健康的劳动力参加社会生产，促进劳动生产率的提高，保证社会主义现代化建设顺利进行。

（二）意义

保护劳动者在生产劳动过程中的安全与健康，它是中国共产党和我们国家的一项基本方针，它是坚持社会主义制度的本质要求，它是发展生产、促进经济建设的一项根本性大事，也是社会主义物质文明和精神文明建设的一项重要内容。

1. 劳动保护是中国共产党和我们国家的一项基本政策

"加强劳动保护，改善劳动条件"，它是载入中国宪法的神圣规定。加强劳动保护，认真贯彻安全第一，预防为主的方针，强化劳动安全监察，努力改善劳动条件，努力降低企业职工伤亡概率和职业病发作率。加强安全技术政策，劳动保护科学的研究和科技成果推广，努力完善检验手段。国家正在不断通过健全劳动保护立法，强化劳动保护监察和安全生产管理，推进安全技术、职业卫生技术与有关工程等措施来保证宪法所要求的这一基本政策的实现。

既然保护劳动者在生产劳动中的安全健康是中国共产党和我们国家的一项基

本政策，当然更是社会主义国家各类企业进行经营管理的基本原则。只有加强劳动保护，才能确保安全生产，从而改变长期以来不少企业中工伤事故频繁和职业危害严重的不良局面。否则，势必严重损害千百万职工的切身利益，伤害他们建设社会主义的积极性和主观能动精神，不利于社会安全和现代化建设事业的持续、稳定发展。所有这些，都有悖于中国共产党和社会主义制度国家的根本宗旨，损害国家在国际上的形象，必须努力防止。

2. 劳动保护是促进国民经济发展的重要条件

劳动保护不仅包含着重要的政治意义，从某种意义上来说，劳动保护又有着深刻的经济意义。在生产过程中，人是最宝贵的，人是生产力诸要素中起决定作用的因素。探索和认识生产中的自然规律，采取有效措施，消除生产中不安全和不卫生因素可以减少和避免各类事故的发生；创造舒适的劳动环境，可以激发劳动者热情，充分调动和发挥人的积极性，这些都是提高劳动生产率，提高经济效益的基本保证。同时，加强劳动保护工作，还可减少因伤亡事故和职业病所造成的工作日损失和救治伤病人员的各项开支；减少由于设备损坏，财产损失和停产造成的直接或间接经济损失。这些都与提高经济效益密切相关。

五、劳动安全卫生管理制度

劳动卫生安全管理制度是指用人单位为了保护劳动者在劳动生产过程中的安全健康，根据生产过程的客观规律和实践经验总结而制定的各种管理制度。

用人单位应建立的劳动卫生管理制度主要包括以下方面内容：①安全卫生责任制度；②安全卫生技术措施计划管理制度；③安全卫生教育制度；④安全卫生检查制度；⑤劳动安全卫生监察制度；⑥伤亡事故报告和处理制度；⑦职业病的防治和处理制度。

同时，由于女性在一生中其生理和心理都与男性有许多不同，国务院颁布了许多关于女性职工的规定。概括起来有以下方面：

A. 规定了女职工和未成年工禁忌从事的劳动范围：某些特别危险的行业，如矿山井下作业、架设登高作业；特别繁重的体力劳动，如第六级体力劳动强度作业等不允许女性和未成年工从事。

B. 规定了妇女在生理四期（月经期、怀孕期、产期、哺乳期）禁忌从事的劳动范围。如怀孕期和哺乳期妇女禁止从事接触铅、苯、镉等有毒物质浓度超过国家卫生标准的作业等。

C. 规定了妇女在四期应享受的基本待遇。如产假休息不少于 90 天，此间工资、福利待遇保持不变；不得在女职工怀孕期间解除劳动合同等。

六、工伤管理

工伤管理又称为劳动事故，有广义、狭义之分。在狭义上工伤事故是指所有用人单位的职工在工作过程中发生的人身伤害和急性中毒事故。广义的工伤事故还包括罹患职业病。

我国工伤事故赔偿中所指称的工伤事故采用的是广义，既包括一般伤害事故和急性中毒，又包括罹患职业病。

（一）工伤事故分类

①按照伤害而致休息的时间长度分：轻伤，休息 1～104 日的失能伤害；重伤，105 日以上的失能伤害；死亡。

②按照事故类别分：划分为 20 个类别，如物体打击、车辆伤害、机械伤害、电击、坠落等。

③按照工伤因素分：受伤部位、起因物、致残物、伤害方式、不安全状态、不安全行为等。

④职业病：职业中毒、尘肺、物理因素职业病、职业性传染病、职业性皮肤病、职业性肿瘤和其他职业病。

（二）工伤事故的认定

①按照《工伤保险条例》规定，劳动者有下列情形之一，应当认定为工伤：

A. 在工作时间和工作场所内，因工作原因受到事故伤害的；

B. 工作时间前后在工作场所内，从事与工作有关的预备性或者收尾性工作受到事故伤害的；

C. 在工作时间和工作场所内，因履行工作职责受到暴力等意外伤害的；

D. 患职业病的；

E. 因工外出期间，由于工作原因受到伤害或者发生事故下落不明的；

F. 在上下班途中，受到非本人主要责任的交通事故或者城市轨道交通、客运轮渡、火车事故伤害的；

G. 法律、行政法规规定应当认定为工伤的其他情形。

②组织工伤伤残评定，劳动者有以下情形之一的，视同工伤：

A. 在工作时间和工作岗位，突发疾病死亡或者在 48 小时之内经抢救无效死亡的；

B. 在抢险救灾等维护国家利益、公共利益活动中受到伤害的；

C. 劳动者原在军队服役，因战、因工负伤致残，以取得革命伤残军人证，到用人单位后旧病复发的。

第六章　培训开发管理体系建设与培训需求

第一节　培训开发管理体系建设

一、培训开发管理体系建设的概述

（一）培训开发管理体系建设的准备工作

在建设培训开发管理体系之前，管理者需要提前注意以下三个方面的状况，以判断组织环境是否适合构建培训开发管理体系：

1. 思想观念

在实施培训开发管理体系之前，培训开发管理者需要让组织各层级对培训开发管理体系具备客观和理性的概念，而不是想当然，从观念上为培训开发管理体系的建设做好思想准备，包括单位最高领导的观念、各部门管理层的观念以及员工的观念等。

2. 组织环境

完整的培训开发管理体系是比较高阶的管理工具，如果组织不具备基本的管理基础，是无法有效实施的。因此，在构建培训开发管理体系之前，培训开发管理者要判断组织当前所处环境的适应情况，包括组织的管理基础、组织的整体氛围、组织的员工关系管理状况等。

3. 建设方案

对于大部分组织来说，培训开发管理体系的构建并不能够或者没有必要一步到位，而应根据组织观念和管理基础的情况有计划、有选择地分步构建实施。培训开发管理体系构建方案是否符合组织实际、方案的落地是否现实、具体方案是否具备可操作性等，都会影响到培训开发管理体系乃至培训的有效性。

（二）培训开发管理体系建设的原则

明确的原则能够指导培训开发实践活动的具体实施，能够确保培训开发的效果。组织培训开发体系的建设必须从组织自身的特点和实际出发，除了要搞清楚培训开发体系所包含的内容和本组织培训开发的现状外，组织还要注意遵循以下六个原则：

1. 基于战略原则

培训开发的目的是通过提升员工的素质和能力来提高员工的工作效率，让员工更好地完成本职工作，实现组织战略目标。因此培训开发体系的建设必须根据组织的现状和发展战略的要求，为组织培训开发符合企业发展战略的人才。

2. 动态开放原则

组织要生存，必须适应不断变化的外部环境，这就要求组织的培训开发体系必须是一个动态、开放的系统，而不是固定不变的。培训开发体系必须根据组织的发展战略和目标进行及时的调整，否则培训开发体系就失去了实际的意义，就不可能真正发挥推进绩效改善和提升组织竞争力的作用。

3. 保持均衡原则

一个有效的培训开发体系必须保证组织员工在不同的岗位都能接受到相应的训练，这就要求培训开发体系的建设必须保持纵横两个方向的均衡。纵向要考虑新员工、一般员工、初级管理者、中级管理者、高级管理者之间的各个不同级别，针对每个级别不同能力的要求，设置相应的培训开发课程；横向要考虑各不同职能部门要完成工作需要哪些专业技能，以此来寻找培训开发需求和设计相应的课程。

4. 满足需求原则

培训开发体系的建设必须在满足工作需求的同时，满足组织需求和员工需求。满足组织需求，才能保证培训开发的人才是组织所需要的，而不仅仅是岗位所需要的；满足员工需求，才能从根本上调动员工的培训开发主动性和积极性，从而保证培训开发的效果。

5. 全员参与原则

培训开发体系的建设，不只是培训部或培训开发管理员的事，培训开发体系中的任何一项工作，都不能只靠培训部门孤军奋战，必须上下达成共识，全员参与，必须得到领导的大力支持，必须得到业务部门的积极配合才能完成。

6. 员工发展原则

如果培训开发体系和培训课程的开发能够与员工自我发展的需要相结合，就可以做到组织和员工双赢，在员工得到发展的同时，也能为组织的发展做出相应的贡献。

（三）培训开发管理体系建设的意义

培训开发管理体系的建设对组织和员工双方都具有重要意义，既有利于实现组织目标，也能使员工在培训开发中提高自我能力和素质。

1. 培训开发管理体系建设对组织的意义

（1）实现组织战略目标

组织的战略目标可以分为总体和细分战略目标，细分战略目标是对总体战略目标的分解，包括人力资源战略目标、营销战略目标、品牌战略目标和技术战略目标等，而拥有满足战略要求的人才是实现组织战略目标的基础，是构建有效培训体系、提高员工整体素质与能力的必备方法。

为了使组织得到发展，培训开发活动应在组织战略的实施过程中进行辅助，使培训开发活动不仅着眼于当前所需要的知识和技术，更着眼于组织未来的发展。而建立一个良好的培训开发体系则能够有效解决这些问题。只有具有战略性、长期性、计划性的培训开发方式才能更好地将培训目标与组织发展战略结合起来，使培训开发真正符合组织的需要。

（2）实现组织人才战略

组织要实现自身的战略目标，就需要培训和开发组织发展所需要的各种人才，形成自身的人才战略。实现组织人才战略不能一蹴而就，需要培训开发体系的良性运作以及确保人才的持续培养，进而最终实现组织的人才战略。

（3）减少组织培训投资的浪费

不健全的培训开发管理体系会导致组织在培训开发的过程中发生许多不必要的问题，导致巨大的培训投资浪费，因此在培训成本的投入方面需要进行详细的预算。完善的培训开发管理体系，能够保证培训开发过程按照规定程序实施，避免过多的损耗，减少投资的浪费。

（4）提升组织竞争能力

完善的培训开发体系能够确保组织的所有员工都可以在各自的岗位上接受相应的培训，从而提高人员的工作能力和素质。这是提高组织竞争力的根本动力，知识是构成员工综合素质的重要部分，具有较强竞争力的组织能够将员工的隐性知识转化为组织的共享知识。

2. 培训开发管理体系建设对员工的意义

（1）为员工创造良好的成长环境

完善有效的培训开发管理体系能够为员工创造良好的成长环境。组织创建有利于培养创造力和工作积极性的成长环境，能够为员工提供态度、知识、技能等方面的培训支持，形成有利于员工成长的环境。

（2）满足员工自我成长的需要

一方面，构建有效培训开发体系能够帮助员工应对工作中的困难和挑战，掌握职业发展的技巧和方法；另一方面，组织培训开发可以提升员工的绩效，使其在物质的需求和职务的提升等方面得到满足，在职务提升同时也会产生新的培训开发需求。因此，组织需要根据自身实际情况，在不同的职能之间找到衔接点，以便完善人力资源管理系统，使培训开发的激励效果更加持久。比如，在提升员工能力的培训之后，再以何种方式发现其新价值，如何对员工进行重新评估、如何合理地进行职业规划等。

（四）培训开发管理体系的三个层面

一套完整的培训开发管理体系一般应包含三个层面，分别是制度层面、资源层面和操作层面。

1. 培训开发管理的制度层面

这是培训开发管理体系的最底层，也是最基础的层面，是组织基于自身的战略制订的人力资源规划中关于人才培训与开发的纲领性政策或导向性思路。

2. 培训开发管理的资源层面

这是培训开发管理体系的中间层面，是组织内部为培训开发策略和制度能有效实施所提供的可调配或者可以使用的资源。

3. 培训开发管理体系的操作层面

这是培训开发管理体系的最上层，是组织在贯彻培训开发策略、使用各种培训资源的过程中，为了保证培训开发的有效、有序地进行所采取的一系列关键行为。

培训开发管理体系的三个层面是相互作用、共同发展的。完整的培训开发管理体系是保证人才培养与培训开发系统完整的必要保证，是保证培训开发持续有效运转的重要保障。培训开发管理者在评估组织自身的培训开发管理体系建设质量时，如发现组织当前培训开发管理工作关注的模块有缺项，那么说明组织当前的培训开发管理体系是不完整的。对于培训开发管理体系还不完善的组织，需要对照这三个层面的内容不断加以完善。

二、培训开发管理体系的内容

培训开发管理体系包括制度、资源和操作三个层面。制度层面是处在整个培训开发管理体系的最底层、最基础的层面，资源和操作层面包含较多的管理模块，不同的管理模块有不同的含义、功能和作用。

(一) 培训开发管理体系的制度层面

培训开发管理体系的制度层面包括人才发展与培训策略以及培训开发管理制度两部分内容

1. 人才发展与培训策略

人才发展与培训策略就是根据组织的战略制定出的人力资源管理策略，再制订出人力资源管理规划，从而形成人才发展与培训策略。根据组织的战略不同，组织的人才发展与培训策略也有所不同。

以一般的组织为例，可以按员工的工作能力和工作态度两个维度，将员工分为四种类型，并针对不同类型的员工采用差异化的发展与培训策略。

在组织中，第一类员工工作态度积极性高、能力较强，他们是组织的宝贵财富。在推动组织发展、创造价值方面做出贡献的主要是这部分员工，对于这类比较杰出的员工，组织应给予重点晋升与发展，或者为他们提供一些特别的福利待遇，以期留住员工。反之，如果对他们不闻不问，当他们受到外部诱惑时，则容易选择跳槽离开。

第二类是工作积极、但工作能力有所欠缺的员工，他们具备成为组织发展中坚力量的潜力。对于这类员工，组织应给他们提供一些必要的培养和培训，帮助其成长，提高工作能力，使其努力成为第一类员工。

第三类员工的工作能力较强，但工作积极性不强，对于这类人员，组织需要加强管理，通过完善的规章制度和科学的绩效管理来评估、规范和引导其工作行为，使其向第一类员工靠拢。

第四类员工的工作态度和工作能力都比较差，对组织的贡献价值相对较低。对这类员工须先了解分析其具体情况，根据员工不同的能力特点实施必要的轮岗、降级或者在本岗位继续观察锻炼，同时给予必要的关注和培训。

组织可以根据自身实际情况来选择人才发展与培训策略，但同时需要其他的管理体系作为支撑。例如，组织首先需要有一套相对比较完善的人才评价机制；其次，需要有一套可操作的人才盘点管理机制；最后，需要组织的人力资源管理者具备相应的管理能力。

2. 培训开发制度体系建设

（1）培训制度体系的概念

培训开发制度体系，即能够直接影响和作用于组织培训开发系统及其活动的各种法律、规章、制度及政策的总和。它主要包括培训开发的法律和政令、培训的具体制度和政策两个方面。

组织培训开发的具体制度和政策是组织员工培训开发工作健康发展的根本保证，是组织在开展培训开发工作时要求人们共同遵守并按照一定程序实施的规定、规则和规范。组织培训开发制度的根本作用在于为培训开发活动提供一种制度性框架和依据，促使培训开发沿着法制化、规范化的轨道运行。

组织培训开发涉及两个培训主体——组织和员工，这两个主体参加培训开发的目的存在一定的差别。在无一定制度保证的情况下，这种差别将导致培训开发目的无法达到或者培训开发效果不佳。因此，要想提高培训开发的效率，就必须建立一套完整的培训开发制度，通过制度来明确双方的权利和义务、利益和责任，理顺双方的利益关系，使双方的目标和利益尽量相容。由于培训开发制度是由组织制定的，所以制度的主要目的在于调动员工参与培训开发的积极性，同时也使组织的培训开发活动系统化、规范化、制度化。

（2）几种常见的组织培训开发制度

现代管理强调制度化和规范化的管理，因为相对于管理者个人主观、随意的管理，它更稳定、有序、公平和有效。考虑到现代组织的培训开发是经常性的、大规模的、全方位的，而不是个别的、偶然的行为，建立和实施培训开发的制度体系是必要的。从内容而言，培训开发管理制度应涵盖培训开发管理的资源层面和运作层面的所有工作，包括培训机构与职责、培训对象和培训形式、培训计划管理、培训资源管理、培训实施管理、培训评估管理、培训协议管理、外派培训开发管理和培训费用管理等。

一般来说，组织培训开发制度体系中应该包括的内容主要有以下五点：

第一，制定组织员工培训开发制度的依据。

第二，实施组织员工培训开发制度的目的和宗旨。

第三，组织员工培训开发制度实施的办法。

第四，组织培训开发制度的核准与实行。

第五，组织培训开发制度的解释与修订。

在不少组织中，员工培训开发制度是由若干详细的子制度形成的制度体系。这些子制度，常见的如培训开发服务制度、入职培训制度、培训开发激励制度、培训考核评估制度、培训奖惩制度、培训开发风险管理制度，分别对企业员工培训开发中的各个方面的事宜进行了详尽的规范和说明。下面介绍五种常见的组织培训开发制度。

①培训开发服务制度

员工培训开发对组织来说是一项很大的投入，它包括直接的培训费用、员工离岗期间的工资福利和暂时替代其工作者的工资福利等。组织对员工培训开发的投资与其他一切投资活动一样是有风险的。其中一个常见的风险是受训后的员工跳槽。

企业是自主经营、自负盈亏的经济组织；事业单位、社会团体也有自己相对独立的利益；即使是国家政权组织，如政府机构，现代的管理理念也要求其降低成本。因此，任何组织对员工培训开发的投入都是相当慎重的。为了避免员工跳槽给组织带来的损失，组织通常都有一套员工培训开发服务制度，规定培训对象在受训后必须为组织的某个工作岗位服务一定的时期。这个制度的核心是，接受培训前，员工必须与组织签订培训服务协议。协议的内容通常包括培训开发的项目、培训的费用分担、培训期间的待遇、培训后要达到的技术或能力水平、培训后服务的岗位和年限、违约责任或补偿等。

②入职培训制度

大多数组织都有入职培训制度，即都有关于员工上岗之前和任职之前必须经过全面培训的制度规定。新员工导向培训就是这一制度的重要内容。为了保证工作安全和工作质量，即使是经过严格挑选的、符合一定条件的员工，在进入一个新的工作岗位时，也必须经过针对具体岗位、职位要求的培训阶段。入职培训制度通常包括建立这一制度的意义和目的、适用的范围、特殊情况下不能参加培训的请假手续和补救措施、这一制度的实施主体和各层各部门的责任人、入职培训的基本要求、入职培训的基本方法和形式、入职培训期间的待遇等。

③培训激励制度

培训工作的有效进行离不开各方参与的积极性。它包括培训对象的积极性、培训对象所在部门领导者的积极性、人力资源管理部门的积极性、组织高层领导的积极性。任何一方缺乏积极性，培训工作的效果都将大打折扣。为了提高员工接受培训的积极性，组织通常要有配套的人力资源政策或制度，如培训结果与人员任用、晋升、工资挂钩的制度。为了激励培训对象所在部门主管对培训工作的支持和合作，需要建立岗位培训责任制，需要把培训任务的完成情况与各级领导的工作考核、晋升挂钩。为了使组织的高层领导对培训有积极性，必须建立科学、严密的培训考核、评估的指标体系和考核评估的实施制度。当高层领导看到了实实在在的培训效果，尤其是看到培训给企业利润增长带来了好处，投资培训的积极性自然大增。对于人力资源管理部门来说，如何促使其积极地做好员工培训和开发工作，也需要一系列的制度来规范和激励。

④培训考核评估制度

有没有培训考核评估制度以及这一制度是否完善、合理，不仅会影响到员工对培训的态度，而且决定了培训工作能否通过不断地总结经验教训而日臻完善。培训考核制度的内容包括考核评估的主体和客体、考核评估的内容或维度、考核的标准区分、考核的形式、考核结果的签署、考核结果的备案、考核结果的证明（证书）发放和考核结果的使用等。

⑤培训风险管理制度

培训的风险除了培训对象跳槽外，还包括培训对象选择不当、培训没有取得预期效果、商业或技术秘密的泄露等。为此，要建立相应的制度来防范和规避风险。这方面的制度主要是培训合同的签订和管理制度，包括与培训对象签订无固定期限的劳动合同、培训合同中明确双方的权利义务和违约责任、加入保密条款和违约补偿条款等。

（3）员工培训制度的建立与修订

培训制度是组织实施和管理培训活动的基本规范。培训的成功有赖于培训制度的指导与规范，培训制度的合理和完善程度决定了培训工作的质量与水平。但培训制度在建立以后并不是一成不变的，当组织的外部环境和内部条件发生变化时，培训制度也应做出相应的修改，以适应组织发展、市场竞争和国家法律法规的要求，从而促进组织培训与开发活动的健康发展。为此，培训制度的建立和修订必须遵循一些基本的原则。

①与组织战略相匹配

员工的培训和开发服务于组织战略的实现，培训制度同样也是如此。要避免将培训制度变为实现个别人、个别部门利益合法化的手段，也要避免从个别培训项目出发确定培训角度，培训制度的内容重在激励还是重在约束，要取决于组织的战略，要从全局着眼。

②稳定与灵活相结合的原则

稳定是任何制度的基本特征，但稳定又是相对的，制度是为实践服务的，要随着实践的需要而变化。这就要求培训制度一方面具有稳定性，以维护制度的权威。不成熟的做法、不具普遍性的例子不要上升到制度的层面。进入制度层面的内容必须被确认是在一定时期内具有普遍适用性的。另一方面，培训制度又需要经常调整，使其不断完善，更适合培训实践的需要。要注意的是，培训制度的修订要按照规定的程序进行，避免主观随意性。

③一般和具体相结合的原则

不同的培训项目都有自己的特殊情况，为了使培训制度能适用于每一个培训项目和培训对象，实现制度面前人人平等，培训制度中的规定不能太过具体和细化，只要提供基本的原则即可。如权利与义务对等原则、费用分担原则、确保工作需要原则等。但培训制度又具有指导培训工作的功能，要使具体的培训活动有章可循，培训制度的条款又必须具体和明确。为了解决这一矛盾，培训制度必须具有合理的体系结构，特别是层次结构。有些培训制度是总体的、原则的，而更多的则是不同项目的实施细则。

（二）培训开发管理体系的资源层面

资源是管理行为的基础，很多项目要正常地开展，都离不开资源。培训开发管理的资源层面正是为组织培训的有效实施和落地提供各种资源上的支持，具体包含以下管理模块：

1. 讲师体系

讲师体系指的是在培训开发管理中，对培训讲师的开发和管理。讲师体系管理模块的内容包括从哪里获取培训讲师、如何选拔培训讲师、如何开发和培养培训讲师的能力、如何激励培训讲师、如何管理培训讲师等。

2. 课程体系

培训课程体系管理模块的内容包括如何开发培训课程、如何定期更新培训课程、如何管理培训课程等。课程体系的建设应首先保证关键岗位员工的课程体系是完整的。

培训课程体系建立在培训需求分析基础上，根据员工不同的能力素质可以分为入职培训课程、固定课程和动态课程。

①员工入职培训课程。课程设置较为简单，属于普及型培训，主要包括企业文化、企业政策、企业相关制度和企业发展历史等内容的培训。

②固定培训课程。固定培训属于基础性培训，针对员工工作调动、职位晋

升、绩效考核等方面进行的固定课程培训，主要目的是弥补员工在能力和知识方面的不足之处。

③动态培训课程。这类课程是根据企事业管理和科技发展的动态，并结合组织发展的目标和竞争战略做出培训需求分析，并在此基础上确定的培训内容，以保证员工能力进一步提升。

3. 媒介与形式

媒介与形式指的是组织培训可以用到的传播渠道和能够驾驭的培训形式资源。媒介与形式管理模块的内容包括培训可以通过怎样的媒介进行传播、组织可以操作的培训形式有哪些、不同的培训形式适合哪种类型的培训等。

4. 资料库

资料库与课程体系有着不一样的功能和定位，它指的不是组织的档案资料室，也不是指培训档案的存放处。资料库指的是在组织中有价值的、能够被组合或加工后转化为培训课程的原始资料体系。

5. 基地与物资

基地与物资指的是培训需要的培训场所资源和培训需要的物质资源。基地与物资管理模块的内容包括组织可以用来开展培训的培训场所有哪些、不同的培训场所适合开展什么类型的培训、组织拥有开展培训需要的物资有哪些、如何管理这些培训物资等。

6. 经费预算

培训与开发的经费预算指的是组织为培训开发管理提供的可支配的资金资源。培训开发管理者在管理培训预算模块时需要注意，不能被动地等着组织来提供资金，不能以一种组织出多少资金就办多少事的态度做事，而应当根据培训的需求，提前做好培训资金使用的规划，提前做好各项目的预算，提前和组织的相关管理层沟通。

(三) 培训开发管理体系的操作层面

1. 培训需求

培训需求管理模块是对组织内什么样的人适合什么样的培训信息进行了解、

加工、处理并形成管理决策的过程。

组织层面的培训需求调查一般是在每年 11 月底之前，由人力资源部、各部门的培训开发管理者对培训需求进行客观、准确、细致、全面的调查分析，并统一汇总至人力资源部。培训开发管理者对培训需求进行分类汇总，对于共性的需求由人力资源部统一组织单位级别的培训，而对于某个部门的个性需求，则由部门的培训开发管理者自行组织部门培训。

2. 培训计划

培训计划是当培训开发管理者了解了组织的培训需求之后，在考虑组织战略、人力资源规划和策略以及现有的培训资源之后制订的培训计划。

培训开发管理者一般应在每年的 12 月底前制订出下一年度单位层面的培训计划，并且要报单位领导审核批准后执行。各部门要参考单位的培训计划，在 12 月底前制订出各部门的培训计划，由部门负责人审核批准后，交人力资源部备案。

培训计划须结合受训部的实际情况，做到详细具体、切实可行，并明确每次培训的培训对象、培训主题、培训时间、培训负责人、培训讲师等，做到分工明确、保障有力，保证培训计划的可执行性。

培训计划一旦通过，就要严格执行，并根据实际需要及时更改培训计划。人力资源部组织单位层面的培训要以书面形式通知各参训部门，参训部门人员要按时参加，并且严格执行签到制度。一般各部门组织的部门内部培训需要至少提前几天通知人力资源部，以备人力资源部定期对各部门培训计划的执行情况进行跟踪。

3. 方案制订

培训方案是具体培训活动实施参照的依据。在收集、审核、确认并审批通过组织整体和各部门的培训计划之后，培训开发管理者要根据每次培训的目的和预期效果的不同，制订有针对性的、具体的、可操作的、可执行的培训方案。

4. 培训实施

培训正式实施时，有实施前的准备，实施过程中的组织协调和实施之后的总结。很多培训开发管理体系不完善的组织，大都是在培训时把重点工作放在了培训实施前、中、后这些具体操作环节。

5. 培训内化

培训内化管理模块是培训开发管理者让参训人员把培训中获得的信息内化为自身的知识、技能、观念等的过程。这一步主要是通过培训过程中或结束之后，培训开发管理者保证参训人员持续运用和实施培训内容而实现的。

6. 评估跟踪

培训的评估和跟踪是培训结束之后，跟踪和评估参训人员对培训信息的掌握程度，以及培训内容的应用情况。可以通过培训结束后的满意度调查、培训前后行为的改变、培训后的行动计划和结果的评估、培训前后绩效情况的比较等评估手段加以实施。培训内化和培训评估跟踪两个管理模块也可以合并实施。

第二节　培训需求分析

一、培训需求分析的概述

(一) 培训需求

1. 培训需求的概念

培训需求反映了组织要求具备的理想状态与现实状态之间的差距，这个差距在很多时候可以通过培训的方式加以干预，进而得到弥补，这就是培训需求。当组织出现一些问题，只有通过培训才能解决或才能更好地解决时，培训需求就应运而生。

2. 培训需求产生的原因

培训活动的开展是基于不同的培训需求。因此明确培训需求产生的原因直接关系到培训活动的有效性和针对性。培训需求产生的原因大致可以分为以下五类：

（1）因组织重组和变革而产生的培训需求

组织重组和变革是组织全面、深刻的变化，其中蕴含的培训需求量大、面广、种类多。旧观念的化解和新思想的形成，新的政策和运作机制的推出和适应，机构调整和岗位变化等都会使组织产生强烈的培训需求。

（2）因工作变化而产生培训需求

不同的工作岗位所要求的技能、知识和素质都有所不同，即便是同一工作岗位，因为企业内外部环境的变化及企业发展的需求，其工作内容也可能发生巨大变化，为了更快地适应这种工作变化，培训需求随之产生。如新设备或新程序引进时，员工需要掌握一些新的知识和技能，或需要员工改变旧的行为方式，形成新的工作习惯。培训在这方面通常是大有用处的。

（3）因人员变化而产生培训需求

当新进员工进入组织后，需要帮助其了解组织的使命、文化、目标，了解组织的结构、机制和政策，对其进行管理制度及岗位职责等方面的培训，帮助其缩短融入组织的过程，从而更早、更好地为实现组织目标而发挥作用。这是培训需求产生的最常见原因。

（4）因绩效变化而产生培训需求

实现既定的或者更高的绩效目标是企业所希望的，但是部分员工因能力方面的原因，实现既定的目标有些困难，由此产生了相应的培训需求。

（5）行业普遍问题或共性问题而产生培训需求

行业或相似组织中已经出现或经常出现的问题中，有些是可以通过培训解决的，如安全问题，许多组织都有成功经验可供借鉴。这也是培训需求产生的原因之一。

（二）培训需求分析的含义与特点

1. 培训需求分析的含义

培训需求分析，就是判断是否需要培训及确定培训内容的一种活动或过程。具体而言，培训需求分析是指在需求调查的基础上，由培训主管部门、部门主管人员以及员工个人等采取各种方法与技术，对组织内部各部门及其成员的目标绩效与能力结构以及现有绩效和能力结构等进行比较分析，以确定是否需要培训、谁需要培训、何时需要培训、需要何种培训等的一种活动或过程。培训需求分析是整个培训有效进行的前提，也是制订培训开发计划的基础。

培训需求分析包括两种类型：一种是目前已经存在的差距，即通过对组织及其成员进行全面、系统的调查后所确定的理想状况与现有状况之间的差距；另一种是前瞻性的绩效差距，即通过预测组织在未来一段时间内环境的变化、战略目标的调整、组织生命周期的演进以及员工在组织中成长的需要，进而判断目前员工的绩效水平与未来需要的绩效水平的差距。

培训需求分析对组织的培训工作至关重要，它是培训计划中的一个必要环节，是真正有效地实施培训的前提条件，是使培训工作准确、及时和有效实施的重要保证，它回答的问题是培训活动要达到的目标是什么。

值得注意的是，在需求分析过程中，往往会不可避免地受到各种因素的影响。这些因素可以分为常规性因素和偶然性因素。

（1）常规性因素

常规性因素是指在确定培训需求时需要考虑的一般性因素，主要包括社会发展环境、组织战略和使命、同类组织培训情况、员工个人职业生涯设计、员工考核与评价，以及组织资源状况对培训需求的限制。这些因素是在分析、决定培训需求时必须考虑的因素，只有将培训需求与这些因素结合起来，才能保证培训开发有效、顺利地进行。

（2）偶然性因素

偶然性因素是指由特殊事件影响培训需求的因素，主要包括新员工加入、职位变动、员工绩效下降、顾客投诉增加、发生生产事故、技术水平提高、生产设备更新等。这些事件的发生都是培训需求的标志，也是决定培训需求的因素之一。

2. 培训需求分析的特点

①主体的多样性。培训需求分析的主体既包括培训部门的分析，也包括各类人员的分析。

②客体的多层次性。通过对组织及其成员的目标、素质、技能、知识的分析来确定组织的现有状况与应有状况的差距、员工个体的现有状况与应有状况的差距及组织与个体的未来状况。

③内容的丰富性。培训需求分析的核心就是通过对组织及其成员的现有状况与应有状况之间的水平差距分析来确定培训的必要性以及培训的内容。由于员工

的工作性质、积累的人力资本等情况的差异，因而培训需求的内容呈现出多元丰富的特点。

④方法的多样性。培训需求分析的方法包括问卷调查法、现场观察法、工作任务分析法和重点团队面谈法等。

⑤结果的指导性。培训需求分析的结果是确定培训目标、制订培训计划的依据，具有很强的指导性。

（三）培训需求分析的参与者

培训需求分析可以由以下人员参与：

①人力资源部工作人员。培训需求分析的整个工作是由人力资源部门主持的，同时他们对每个岗位的要求和变化也是最清楚的。

②员工本人。培训的对象就是每位员工，本着促进员工职业发展的原则，了解他们的学习需要并制定相应的培训项目与计划，将有助于培训得到员工的支持并取得理想的效果。

③员工的上级。作为员工的直接管理者，他们对员工的优缺点比较了解，他们能帮助人力资源部门明确培训目标和培训内容，并亲自督促执行。

④项目专家。专家具有丰富的经验和渊博的知识，他们对问题的看法往往是颇有见地的，因此通过向专家咨询、请教，无疑会获得一些启示。

⑤客户以及其他相关人员。作为组织的客户及其他相关人员，往往能更客观地看待与分析组织存在的问题，这对培训与开发项目的设计是有帮助的。

（四）培训需求分析的作用

培训需求分析是培训开发的首要工作，是培训计划制订、培训方案设计、培训实施与评估等整个培训工作的基础。因此，必须充分认识培训需求分析的重要性与作用。

1. 有利于找出差距，确认培训目标

培训需求分析的基本目标就是确认差距，即确认任职者的应有状况或未来状况同现实状况之间的差距。它包括三个环节：①必须对所需要的知识、技能、能力进行分析，即理想或未来的知识、技能、能力的标准或模型是什么；②必须对

现实实践中所缺少的知识、技能、能力进行分析；③必须对理想的或现在与未来所需要的知识、技能、能力与现有的知识、技能、能力之间的差距进行比较分析。这三个环节应独立有序地进行，以保证分析的有效性。找出差距，才能使培训目标明确，使后续的培训计划有针对性，进而保证培训效果。

2. 有利于及时调整应对变化

由于市场环境的变化，企业的发展过程是一个动态的、不断变化的过程，当组织发生变革时（不管这种变革涉及技术、程序、人员，还是涉及产品或服务的提供问题），培训计划均要满足这种变化的要求。因此，培训需求分析有助于培训开发的负责人在制订培训计划以前及时地把握住这种变革的趋势，对培训进行多角度的分析和透视，以适应组织变革。

3. 为组织的人才储备打好基础

培训需求分析既对标现实需求，也对标未来需求，因此在设计培训计划时，就会充分考虑到短期和长期，兼顾人力资源培训开发的需要，为人才储备做好基础性工作。

4. 提供多种解决实际问题的方法

培训需求分析本身就是问题导向的组织培训行为，做好培训需求分析能为组织解决实际工作中出现的问题提供思路和办法。弥补差距的方法很多，有些可能与培训本身无关，如人员变动、工资增长、新员工吸收，或者是几种方法的综合使用等。对于可以通过培训弥补的差距，也需要针对不同的情况选择不同的培训方法。最好的方法是把几种可供选择的方法结合起来，其中包含多样性的培训策略，这样既有利于节约成本，又能有效地解决问题。

5. 有利于做好培训的价值及成本分析

当进行培训需求分析并找到了解决问题的方法后，培训管理人员就能够把成本因素引入培训需求分析中去。需要回答的问题是"不进行培训的损失与进行培训的成本之差是多少"。如果不进行培训的损失小于培训的成本，则说明当前还不需要或不具备条件进行培训。

6. 有利于获取内部与外部的多方支持

无论是组织内部还是外部，通过需求分析收集了制订培训计划、选择培训方式的大量信息，这无疑给将要制订的培训计划的实施提供了支持条件。例如，中层管理部门和受影响的工作人员通常支持建立在培训需求分析基础之上的培训规划，因为他们参与了培训需求分析过程。

二、培训需求分析的内容与实施

（一）培训需求分析的三个层面

培训的成功与否在很大程度上取决于需求分析的准确性和有效性。培训需求分析可以从组织、任务和人员三个层面来进行。这三个层面之间并不是孤立的，它们是相互联系、不可分割的整体，任意一个层面的缺失都会影响培训需求分析结果的真实性、有效性和科学性。

由于组织分析与培训开发是否适合组织的战略目标及组织是否愿意在培训开发上投入时间与资金的决策相关，因此，通常要先于任务分析、人员分析进行。任务分析和人员分析往往是同时进行的。

1. 组织分析

组织层次的培训需求分析是指通过对组织的战略目标、资源、环境等因素的分析，准确地找出组织存在的问题，并据此确定具体的培训需求。具体包括以下内容：

（1）明确组织战略目标

组织战略目标是评价组织绩效的重要标准，因此，在进行培训需求分析之前，首先应当明确组织战略目标。组织中高效运作的领域应当视为典范，为其他单元实现更有效的运作提供借鉴。而对于那些没有达到组织目标的领域则需要进行更为深入的分析，并采取相应的培训开发计划或者管理方面的措施。经营战略还会影响培训开发的类型。例如，实行紧缩投资战略的公司会比实行其他战略的公司更看重诸如新职业介绍和寻找工作技能方面的培训开发。同时，组织战略也会影响培训开发的频率、类型及公司培训开发部门的组建模式。在期望培训开发能有助于实现经营战略与目标的公司中，培训开发支出及培训开发频率一般都要高于随意进行培训开发或没有战略目标理念的公司，是否有明确、清晰的组织战略目标既对组织的发展起决定性作用，也对培训开发的设计与实施起决定性作用，直接影响培训开发的战略目的。

（2）了解组织资源

组织资源的分析包括对资金资源、时间资源和人力资源等的分析。可利用的资源情况在一定程度上会限制培训开发工作的开展，并影响培训需求的优先次序。资金资源分析主要是确定组织能否为支持培训工作开展承担相应的经费，时间资源分析主要是分析组织业务开展方式和经营管理的特点是否能确保足够的培训时间，人力资源分析主要是分析组织目前的人力资源状况能否确保培训的顺利开展。

2. 任务分析

（1）任务分析的内容

任务分析是在特定工作岗位的层次上进行的，主要包括查看工作描述和工作规范，确定某个工作的业绩产出标准，要达到此产出标准所必须完成的任务以及完成这些任务所需的知识、技能、行为、态度等，所有这些最终的结果决定培训的内容应该是什么。

在进行任务分析时，必须明确两个主要因素，即任务的重要性与水平。重要性关系到某项工作的具体任务、行为以及这些行为发生的频率，某项任务发生的频率越高，说明此任务对于整个工作的重要性越高。水平则是员工完成这些任务的能力要求，这在一定程度上反映了从事此项任务的门槛高度。这两个因素构成了任务分析的主体。

任务分析的最终成果就是对任务活动的详细描述，主要内容包括员工执行的任务和完成任务所需的知识、技能、能力和其他素质，即 KSAOs。其中 K（Knowledge）是指执行工作任务需要的具体信息、专业知识、岗位知识；S（Skill）是指在工作中运用某种工具或操作某种设备以及完成某项工作任务的熟练程度，包括实际的工作技巧和经验；A（Ability）包括人的能力和素质，如空间感、反应速度、耐久力、逻辑思维能力、学习能力、观察能力、解决问题的能力、基本的表达能力等；O（Others）主要是指有效完成某一工作需要的其他个性特质，包括对员工的工作要求、工作态度、人格个性以及其他特殊要求。

（2）任务分析的步骤

任务分析可以从以下四个步骤入手：

第一，确定要分析的工作岗位。

第二，列出所要执行任务的基本清单。清单的获取可以通过多种渠道完成，例如，访问并观察熟练员工和他们的经理，与其他进行过任务分析的人员讨论。如果该岗位有完善的工作说明书，也可以从工作说明书中获取该岗位的任务清单。

第三，采用书面调查等访问形式来获取信息。为了确保任务基本清单的可靠性和有效性，可以请一组专门项目专家（在职人员、经理等）以开会或者接受书面调查的形式回答有关工作任务的问题。可以从以下角度来提问：执行该任务的频率如何？完成各项任务需要多长时间？该任务对于完成整个工作有多重要？学会完成此任务有多困难？

第四，明确要胜任各项任务所需的KSAOs。通过对以上水平因素的分析，可以得出现有员工的能力结构欠缺什么、应该培训什么，决定了培训内容。

任务分析是一个烦琐的、复杂的过程，因此，为了使得任务分析更为有效，在进行任务分析过程中，应该注意以下六点：

①任务分析不仅要明确应该做什么，还应该清楚现实中员工是怎么做的。

②任务分析是一个解构的过程，首先要将工作分解成职责和任务。

③收集信息要采用多种方法，这样才能保证所收集的信息的完整性、丰富性。

④为了使得任务分析更有效，应该多从专门项目专家那里收集信息，专门项目专家包括熟悉该项工作的在职人员、经理人员和雇员。

⑤任务分析过程中，沟通非常重要，良好的沟通有利于获取更为完整、真实的任务分析信息。

⑥在做任务分析时，必须与公司的长期战略、短期规划相结合。

3. 人员分析

人员分析是通过考察员工当前工作绩效与要求工作绩效之间的差距，以确定应该接受培训的人员和培训的内容。简单地说，人员分析的关键就是找出哪些人员"不愿"，哪些人员"不能"，这样才能有针对性地设计培训方案。

要做好人员分析，首先要确保人员已经做好受训准备。受训准备是指员工是否具有相应的学习课程内容并且可以将其应用于工作的个体特征（能力、态度、信仰和动机）；工作环境是否有利于学习，同时又不会对工作业绩产生太大影响。人员分析时，主要分析个体特征、工作输入、工作输出、工作结果和工作反馈，分析以后得到相应的培训需求。个体特征是指员工的知识、技能、能力和态度。工作输入是指指导员工应该做些什么、怎样做以及什么时候做，还包括那些提供给员工以利于其完成工作的资源、条件、环境等。工作输出是指工作绩效水平。工作结果是指员工基于业绩、绩效而得到的激励。工作反馈是指员工在执行工作时收到的信息。

人员分析也可以从分析员工的绩效入手，其过程可以分为四个步骤：

①进行全面准确的绩效评估或通过其他渠道获取这方面的资料。

②确认员工行为、特质与理想的绩效标准之间的差距。

③确认差距来源，可能涉及整合组织分析、任务分析和个体的技术能力方面的资料。

④选择恰当的干预措施，以消除差距。这些措施可以是特定的培训开发项目，也可以是其他人力资源管理政策。

（二）培训需求分析的流程

通过对培训需求的调查，对其信息进行整理、分析，得出有效培训需求的过程就是培训需求分析的过程。

1. 培训需求分析的前期准备

要成功地进行培训需求分析，必须做好充足的准备。前期准备工作主要包括以下方面：

（1）理解组织使命和战略

只有对组织的使命有较深刻的理解，才能使培训需求分析做到有针对性和目标性。组织战略在一定程度上决定了培训的方向、方式以及评估的方式。

（2）了解组织的整体能力结构以及绩效状况

组织的员工能力结构与其业务性质相关。因此，培训需求分析必须针对与其业务内容息息相关的内容来进行。例如，对于以技术工人为主的组织，对其进行艺术欣赏培训是无效的。另外，培训组织者必须了解组织员工的整体绩效情况大致处于什么水平，这样才能在需求调查时保证其科学性，避免偏颇。

（3）做好分析前动员

从培训需求分析到培训开发实施，再到培训开发效果评估，是一个随时与员工沟通的过程。因此，每一步都要做好沟通工作。为了保证培训需求调查得出的结果的真实性与完整性，要做好调查前的动员，让员工了解到培训开发的重要性、此需求调查对于他们的好处等，这样培训需求调查才能成功。

2. 培训需求调查

培训需求调查的方法有许多种，这里主要介绍以下五种：

①访谈法。访谈法是通过与被访谈人进行面对面的交谈来获得培训需求信息的方法。访谈对象可以是组织的高层管理人员，以便了解组织战略对员工和工作的要求。也可以是有关部门的负责人，以了解具体工作和岗位对员工的有关要求。当然也可以是某些特殊岗位上的员工，一般来说，员工最了解自己的能力、知识和技能的缺陷所在。访谈中提出的问题可以是封闭式的，也可以是开放式的。前者的结果较容易分析整理，后者则能了解到更多、更深层次的信息。访谈可以是结构化的，即以标准模式向所有被访谈者提出同样的问题；也可以是非结构化的，即针对不同对象提出不同的开放式的问题。通常是两种方式的结合，以结构化访谈为主，非结构化访谈为辅。

有效的访谈需要一定的技巧。因此，在访谈前，对访谈员进行培训是有意义的。下面三点是做好访谈工作必须注意的：

A. 确定访谈目的，明确访谈所要了解的关键信息。

B. 准备全面的访谈提纲。这对于启发访谈对象讨论关键信息，避免偏离中心具有重要作用。

C. 营造融洽的、相互信任的访谈氛围。导致访谈对象对访谈没有兴趣甚至抵触的原因很多。解释可能存在的误会，讲清访谈的目的，承诺访谈内容的去处或保密，先谈论轻松的话题，然后逐渐进入严肃或敏感的话题，对被访谈者的尊重甚至语言的选择，都可以产生营造融洽氛围和相互信任的效果。没有相互信任或者当事人有较多的顾虑，都会影响信息的真实性。

访谈法的好处是双方能够直接产生感情和思想的交流，便于发现问题和调整访谈计划，容易使访谈深入，发现关键信息。但是，访谈占用较多的人力，成本较高，故只能针对少数对象，组织一般很少推出大规模的访谈计划。另外，因为访谈内容中有较多的开放性和非结构性的问题，所以对收集到的信息很难进行量化分析。此外，访谈的效果对访谈者的访谈能力和技巧的依赖程度较大。

②重点团队面谈法。重点团队面谈法是对访谈法的改进，严格来讲也是访谈法中的一种，即其面谈对象不再是所有人员，而是培训者从培训对象中挑选出一批熟悉问题的员工作为代表参加面谈，从而调查培训需求信息。

重点小组成员不宜太多，通常由 8~12 人组成一个小组，其中包括 2 名协调员，一人组织讨论，另一人负责记录。这些人员的选取要符合以下两个条件：

A. 选取的成员的意见和建议具有代表性与普遍性，能代表所有培训对象的培训需求。因此，选取的成员应当来自不同部门和不同层次。

B. 选取的成员要了解和熟悉需求调查中讨论的问题，他们在各自岗位上具有丰富的工作经验，熟悉岗位各方面的要求及其他员工的工作情况。

重点团队面谈法的优点在于不必和每个员工逐个面谈，花费的时间和费用相对于访谈法要少。而且各类培训对象代表聚集在一起，各抒己见，可以充分发挥头脑风暴法的作用，从而使各种观点意见在小组中经过充分讨论以后，得到更有价值的培训需求信息。这种需求调查方法还易激发出小组中各成员对组织培训的使命感和责任感。

重点团队面谈法的缺点在于对协调员和讨论组织者要求较高。可能会因为协调员和讨论组织者的素质问题导致大家不愿说出自己的真实想法，不敢反映本部门的真实情况，使对某些问题的讨论流于形式。

③问卷调查法。

问卷调查法是以标准化的问卷形式设计一系列的问题，要求调查对象就问题进行打分或是非选择。当调查对象规模较大，而时间和资金又相对有限时，这是一种值得推荐的培训需求分析方法。问卷可以以信函、传真或直接发放的方式让被调查者填写，也可以在进行面谈和电话访谈时由访谈人填写。

问卷调查的质量与问卷的设计关系密切。设计一份好的问卷，一般要遵循这样的程序：列出希望了解事项的清单；封闭式问题和开放式问题等各种题型的选择和比重的确定；对问题进行分类、排序等编辑并使之成文；请他人检查、评价问卷，进行修正或调整；在小范围内试用，做进一步的修改或调整。

问卷调查法的优点主要在于人均调查的成本低，同一份问卷可以反复使用，甚至可以对不同组织层级的人员使用同一份调查问卷。对收集到的数据较容易进行分析和统计。这主要是因为问卷是标准化的，而且封闭式的问题占相当大的比重。

问卷调查法的主要问题是对问卷设计的要求较高；被调查者很少有发挥的空间，因为被调查者必须按试卷的思路和框架进行回答，而且试卷中往往有大量的封闭式问题，这样就很难发现新的和更深层面的信息；低返回率的可能性，当被调查者对问卷内容不感兴趣，或感到答卷成本高（取决于问卷的长度和难度，邮寄、上网的费用和方便程度等），调查问卷有去无回的情况就会出现。

④观察法。

观察法是观察者从旁观者的角度观察员工工作中的行为，以获取希望得到的信息。观察法要求观察者对被观察者的工作有深刻的了解，了解其行为的标准。实施观察法有一定的困难，为了不影响被观察者的工作，使其表现正常，一般应该隐瞒观察者的存在，但这样做容易引起被观察者的反感。因此，沟通显得尤为重要，应该让被观察者了解观察者的任务，明白自己的角色，使其自觉配合。观察法耗时长且适用范围有限，只适用于那些能够通过观察加以了解的工作，不适用于复杂程度高或以脑力劳动为主的工作。

⑤关键事件法。

关键事件是指那些对组织目标的实现起较大的促进作用或阻碍作用的事件，是工作运作中对组织绩效有重大影响的事件。如系统故障、重要客户的获得或流失、产品的次品率和员工的主动离职率突然上升、出现重大事故等。关键事件的记录是培训需求分析的重要信息来源。关键事件法的成效在很大程度上取决于关键事件的记录情况。组织要建立重大事件记录制度，运用工作日志、主管笔记等手段记录下尽可能正确而全面的关键事件。关键事件记录应该包括事件发生的时间、地点、原因或背景，员工的特别有效或无效的行为及其行为后果，当时员工能控制和支配或不能控制和支配的资源和行为等。通过对这些资料的分析，可以发现员工能力和素质方面的缺陷从而确定培训需求。

3. 调查结果分析

通过多种渠道获得相关的需求信息后，调查者要整理、分析出调查结果中的有效信息，进而做出培训需求分析报告。

撰写员工培训需求分析报告的目的，在于对各部门申报、汇总上来的培训需求的结果做出解释并提供分析报告，以最终确定是否需要培训及培训什么。需求分析的结果是确定培训目标、设计培训项目的依据和前提。需求分析报告可为培训部门提供关于培训的有关情况、评估结论及其建议。

三、培训需求分析结果

在通过多种渠道和方式获得相关的培训需求信息后，调查者要整理、分析出调查结果中的有效信息，以确定培训需求，并最终做出培训需求分析报告。

（一）分析与输出培训需求分析结果

分析与输出培训需求分析结果的主要步骤如下：

①对培训需求调查信息进行归类、整理。对从不同的渠道获得的不同形式的信息，要运用科学的工具进行分类，并根据不同的培训调查内容的需要进行信息的归档，同时要制作一套表格对信息进行统计，并利用直方图、分布曲线图等工具将信息所表现的趋势和分布状况形象地表达出来。

②对培训需求进行分析、总结。分析、研究收集上来的调查资料，从中找出符合组织需要和个人发展的培训需求。要结合业务发展的需要，根据培训任务的重要程度和紧迫程度对各类需求进行排序。

③对初步形成的培训需求进行确认。一是针对员工的绩效评估结果和培训需求，与培训对象进行面谈沟通，了解培训对象的意见和要求，确定差距，并在此基础上进行员工个人培训需求确认。二是针对普遍性培训需求，通过对某一具体培训需求主题进行会议讨论，了解参会人员的意见或建议，进而完善培训需求，确保培训需求的普遍性和真实性。

④撰写培训需求分析报告。对所有的信息进行分类处理、分析总结、达成共识并经培训主管确认后，就要根据处理结果撰写培训需求分析报告，其结论要以分析的信息为依据，而不能凭借个人的主观看法得出结论。

（二）培训需求分析报告的主要内容

撰写员工培训需求分析报告的目的，在于最终确定是否需要培训及培训什么。培训需求分析的结果是确定培训目标、设计培训课程的依据和前提，可以为培训部门提供关于培训的有关情况、评估结论及其建议。

一般来说，培训需求分析报告包括以下主要内容：

①需求分析实施的背景，即产生培训需求的原因。

②开展需求分析的目的和性质。撰写者需要说明以前是否有过类似的分析工作。如果有的话，评估者能从以前的分析中发现哪些不足与失误。

③需求分析实施的方法和过程。说明分析方法和实施过程可使培训管理者对整个分析活动有一个大概的了解，从而为培训管理者对分析结论的判断提供依据。

④培训需求分析信息的陈述或表示，并阐明分析结果。根据获得的信息以及采用的方法，得出科学的结论。结果部分与方法论部分是密切相关的，撰写者必须保证两者之间的因果关系，不能出现牵强附会的现象。分析结果应包括培训开发项目、对象、时间、地点以及培训开发方式等内容。

⑤解释、评论分析结果并提供参考意见。这部分涉及的范围较宽泛，例如，在需求分析中，进行培训的理由有多充分，赞成或反对继续培训的理由是什么，应该采取哪些措施改善培训，能否用其他培训方案更经济地得到同样的结果。撰写者还可以讨论培训的充分性，如培训是否充分地满足了培训对象的多方面需求、满足到什么程度。

⑥附录。包括收集和分析资料用的图表、问卷、部分原始资料等。加附录的目的是让培训管理者可以鉴定研究者收集和分析资料的方法是否科学、结论是否合理。

⑦报告提要。提要是对报告要点的概括，是为了帮助读者迅速掌握报告要点而写的，要求简明扼要。有的分析报告根据需要也可以把提要置于分析报告的开头。

撰写分析报告时，在内容上要注意主次有别、详略得当，构成有机联系的整体。为此，在撰写前应当认真拟定写作提纲，按照一定的主题及顺序安排内容。

（三）培训需求分析报告的撰写要求

培训需求分析报告撰写应满足以下六项要求：

①报告中各项分析说明要有明确的信息来源，不能靠编者主观臆造。

②内容全面系统，涵盖报告要包括的所有内容。

③层次清楚、逻辑合理，从前至后系统、连贯。

④分析透彻、切合实际，满足实际工作需要。

⑤内容客观、用词准确，表述应简明扼要，具有说服力。

⑥少用文字，多用图形、表格。

第七章 培训的组织与实施

第一节 培训实施工作与课程设计

一、培训实施工作

培训开发的实施是在培训开发需求和培训开发计划的指引下进行的，培训开发实施是整个培训开发的中心环节。

（一）培训实施前的准备工作

充分的培训准备工作将为培训后续工作的顺利进行打下基础。培训的准备工作琐碎而繁杂，具体包括以下内容：

1. 组建培训项目小组

在准备阶段成立项目小组，主要是协调培训中的各项工作安排，确保培训如期圆满地进行，其分工通常如表7-1所示。

表7-1 培训项目小组成员分工

人员	具体分工
人力资源部经理（组长）	整个培训的总体筹划、总体安排
培训主管（副组长）	培训工作的具体操作、执行
培训讲师/培训机构	培训讲义、培训要求的传达、培训反馈的整理
培训支持部门	培训器材、食宿、车辆等后勤供应工作
相关部门主管、受训者	提供培训建议和辅助性工作

2. 召开培训动员会议

成立项目小组后，就需要组织相关人员召开动员会，进行项目总动员。主要是强调培训的意义，总结培训计划阶段工作，同时对所有培训准备事项进行具体的安排，并落实到每一个人的身上，这是培训前非常重要的一个步骤。

3. 进行培训各类事项的准备

（1）确认和通知学员

在学员入学前，首先，应该确认参加本次培训的学员类型、人数，以便安排合适的培训场地以及食宿等问题。其次，向培训学员发出通知，通知内容包括本次培训的目的、内容、时间安排、培训资料以及培训费用、其他需要准备的事项，以便学员做好准备。另外，还可以借此机会了解学员对培训课程安排的意见，以便及时调整和改进。

为了做好这项工作，培训组织者可采用发放入学通知书和回执单的形式完成。其好处：一是使学员在报到之前就进入了培训的准备状态；二是了解学员的基本情况，以便安排食宿、分组和挑选骨干；三是了解学员对培训课程的需求程度和建议，以便调整改进。

（2）培训设备检查

培训场所和设施准备情况如何，关系到培训能否顺利进行和培训效果的好坏。这是一项非常细致的工作，必须认真做好准备。为了防止遗漏，做到"责任到人"，可以通过制作检查表等措施以保证各个环节不出问题。检查表用来记录培训需要的设施和设备清单、准备状况以及负责人，以便落实和检查。

（3）培训场地的选择

培训者在选择培训场地时要注意以下三点：

第一，根据培训课程的特点、培训方法和需要选择教学场地。

第二，查看和预订培训地点或场所。对一些以前不熟悉的培训场所，应该预先调查是否适合培训要求；选择场地时要注意附近是否有方便的停车场地或公共交通；对于选中的场所应在培训前预先确定。

第三，在培训开始之前，应提前赶到培训地点，布置安排好培训场所，检查所有培训设备是否齐备完好，确保各项准备工作已做好，做到心中有数。

（4）座位的布置

现代培训很注重与学员的互动。教室座位安排直接关系到讲师与学员、学员与学员之间是否能够很好地交流。因此，在培训实施时，培训者要根据学员的人数和授课的形式选择合适的座位。常见的座位布置形式有多种，比如以教师为中心时，适合布置座位成教室式、会堂式或 V 型；以学员为中心时，多采用中空方块式、点式；注重双向协调时，多采用 U 型、双 U 式的座位布置来平衡"教师中心"或"学员中心"。

（5）培训前与讲师联系

培训前，培训机构应该经常与各类有关的专家学者保持联系；讲师选择后，应就培训课程内容、形式、时间等事项与讲师达成共识。

（6）有关资料的编印

需要编印的资料包括四部分：

一是培训课程和日程安排。包括课程目标、培训时间、培训地点、培训日程表。

二是培训生活须知。内容包括上课及其他时间的注意事项、值日人员的任务、紧急出口位置的简图、钥匙的管理及进出门的时间、用餐的地方等。

三是分组讨论的编组名单。分组讨论要尽量将不同部门的人编在一起。

四是培训手册及其他的培训材料，这些也要在培训前制作好，及时发放到学员和有关人员手上。

在使用外聘培训师时，由于协调和沟通相对较难，往往是到了培训开始时，培训师才向培训部门提供有关资料或培训部门向培训师提供材料，这样，双方都来不及吸收和消化新的信息，学员和管理人员也不能及时得到有关资料，必然会影响培训工作的效率。因此，有关培训手册和材料的制作工作一定要尽早起步，争取在培训开始前 2~3 天制作完毕，使学员能在培训开始时或适当的时候及时拿到材料。

如有条件的话，可以建立培训信息管理系统。培训信息管理系统可以全面提升培训工作的质量和档次，并能大幅度降低员工和组织的培训成本。目前许多企业都建立了面向员工的培训信息管理系统。它建立在 Web 和 Internet 技术的基础之上，使用最先进的数据库管理系统，能够为使用者提供准确、快速、安全的信息服务，具备功能强大、管理方便和使用简便的优势。员工只须使用浏览器即可完成查询和注册等操作。该系统能够记录、管理并向全体员工发布培训课程信息，记录员工的培训信息，包括在外部机构接受培训的信息。利用该系统，员工可以查询培训机构的培训和课程信息，查询培训记录和培训计划；可以在线登记报名，员工主管在线给予批复；员工和主管可以参考系统提供的路径图和胜任力模型制订培训计划。有了培训信息管理系统，可以方便地获取有关培训的信息和数据，方便地筛选信息、分析信息和整理信息，使培训活动的决策和管理建立在全面、准确的资料基础之上，它是培训管理科学化的技术保证。

（二）培训过程工作

对培训实施过程中所有涉及的工作按照类别进行分工，并安排在有关方面具备专长的人员具体负责各类工作，可以保障各项工作的及时落实。

1. 学员报到

在培训场地的入口附近设置报到处。接待学员时，最好进行"一条龙"服务，比如，登记、领资料袋、收回预先给学员布置的作业等一次性完成。培训部门的员工提前到达会场，做最后一次检查。

2. 开训仪式

开训仪式是培训课程的起点，除了常规的主讲人介绍、培训内容介绍等，组织者还可以举行一些能够激励学员的活动。

3. 维持培训秩序

协助讲师维持培训教室的秩序，减少人为噪声。

4. 培训沟通协调

在培训过程中，组织者要及时与讲师、学员沟通交流，指出讲师培训的优缺点和学员反映的情况，并与讲师协调改进。这时，组织者要做的工作主要有四点。

（1）加强学员兴奋点

如果讲师的讲课内容很受学员欢迎，培训组织者就要把学员兴奋点及时反馈给讲师，让其着重对待。如果学员对现场培训意犹未尽，这时可以采取适当延长培训时间、安排课下座谈研讨等形式，让培训效果更佳。

（2）把握主题方向

培训过程中，如果讲师讲课或者学员讨论出现跑题甚至是组织避讳的话题，或者讲师讲课层次混乱、内容含混不清时，培训组织者就要随时提醒讲师，调整讲课内容或层次安排，使培训按照事先的规划进行。

（3）把握课程松紧度

培训过程中，学员如果反映课程节奏慢或者跟不上讲师的讲课速度时，就需要提醒讲师调整时间和节奏，按学员可以接受的速度进行。

（4）协调培训形式

培训形式要与学员的具体情况相匹配，在培训中如果学员对培训形式（如游戏、讨论等）不认可，或者学员对培训形式所表现的主题不明白，接受起来有难度，这样就需要及时调整培训形式。

5. 培训后勤安排

在培训过程中，现场的各种后勤安排也必不可少，如培训教材的复印、发放，培训器材的调换准备，人员餐饮服务，培训纪律的强调，卫生打扫，现场紧急情况处理等，这些都需要安排具体人员来解决。

（三）培训收尾工作

在培训的收尾阶段，还应做好以下两方面的工作：

1. 培训评估

为了更准确地评估培训效果，在结束培训后，可以让受训者评价培训计划或参加检验学习效果的测试，还可以进一步跟踪调查受训人员的工作绩效。

2. 加强培训后的风险防范

培训开发是组织的一种投资行为，同其他投资一样存在投资风险。培训开发风险的存在很大程度上降低了培训开发收益。因此，组织需要规避培训开发中的种种风险，提高员工满意度，达到组织与员工共同发展的目的。

首先，要考虑的风险就是培训开发后员工的流失。最基本或者说最直接的做法就是依法完善培训开发用工合同，确认组织与受训员工的权利与义务。在《中华人民共和国劳动法》和《中华人民共和国劳动合同法》的基础上，根据员工劳动合同时间的长短以及所在的工种、岗位的实际情况，制订相应的培训开发计划，同时以签订劳动合同的方式，明确服务期限与违约赔偿的有关事宜。随着知识经济时代的到来，员工培训开发已越来越被视为一种软性的企业福利，在企业获得培训开发效益的同时，员工也能使自身职业生涯得以发展。双方获益的前提是劳动关系继续存在，因此这种关系可通过法律的相关规定来进行约束，使人才流失与知识产权流失的风险降到最低限度。

其次，要做好留人工作，如果一个员工通过培训开发，知识技能有了较大的提高，要考虑安排相应的岗位或职位，并且在待遇方面也应有所提高。

最后，风险就是培训开发后技术流失的风险。对于企业的专利技术，法律可以予以保护，但对专有技术的运用方法与经验，企业只能依靠加强员工的保密意识教育来保护。企业应在培训开发员工技术的同时，培养员工的企业责任感与集体荣誉观念，通过文化约束来降低培训开发的技术流失风险。

需要注意的是，除了做好以上两方面的工作，还应注意听取培训人员和受训人员的改进意见，在受训者培训记录或人事档案中记录课程结果，酬谢培训人员；及时进行培训总结，以便进一步调整和完善培训系统。

（四）培训开发实施过程的控制

培训开发实施过程的控制，是指采取一系列的措施，保证培训开发活动与培训开发方案的要求相一致，最终达到预期的要求和结果。过程控制主要包括培训开发制度的制定和实施监控，以及培训开发应急预案的制定和实施。

首先，培训开发部要制定规章制度与控制措施，以监督控制培训开发方案的贯彻落实。培训开发部主管人员可以通过旁听或参加有关培训活动、课程，监督检查培训开发活动是否正常进行。对培训开发过程的控制还包括将受训人员的参与态度和成绩同奖罚措施挂钩，以鼓励员工积极自觉地参加培训开发；培训开发部定期举行例会，与各级主管或培训人员讨论培训开发事宜，听取有关人员对培训开发工作的建议、设想等；做好培训开发评估也是对培训开发活动的一种控制方法。

其次，要制定培训开发的应急预案。培训开发过程中存在很多不确定性因素，例如，停电、教室变动、培训师变动、学员接送、交通问题、住宿问题、饮食问题、天气因素，以及培训开发的其他一些突发事件等，这些问题需要提前考虑好，制定好应急预案，这样一旦出现问题才能有条不紊地处理。

二、培训课程设计

培训课程设计是提供培训项目的基本信息，包括课程名称、目标学员的基本要求、培训的主要目的、课程的主要目标、培训时间、场地安排以及培训教师的姓名等。

（一）课程的类型

1. 学科课程

学科课程是以学科为中心设计的课程，分别从各门学科中选择部分内容，确定一定的教学时间和学习期限。此类课程在选择和组织内容时，根据各门学科本身的内在联系，侧重于各学科领域所使用的基本概念和研究方法，并按学习心理和教学要求进行。注重学员思维能力的培养和知识的储备，具有很强的科学性、系统性和连贯性。

2. 合科课程

合科课程又叫广域课程，是学科课程的改进类型。其特点是将几门相邻学科合并，既保留学科课程分科教学的长处，又克服了学科课程过细的缺点，减少了教学科目。它适合以提升综合素质为目标的培训。

3. 活动课程

活动课程也称经验课程，是一种与学科课程相对的课程。其特点是以学员的兴趣和动机为基本出发点，以学员的自我发展为中心来组织教学科目。它不预先规定应该学习什么，学生基本知识和基本技能的学习主要是围绕各种活动进行，提倡从"干"中学。

4. 核心课程

核心课程也称轮形课程，是以人类的基本活动为核心而组织的课程。它以一个学术领域或主题为核心重新组织有关学科，从而形成学科之间的新联系，是一种介乎学科课程与活动课程之间的课程类型。核心课程以人的社会活动为中心来组织教学，注重教材内容，围绕核心由近及远、由简及繁，逐步深入并联系实际，适合以研究为目标的教育和培训。

5. 模块课程

模块课程是以提高培训者素质为目标，以岗位技能培训为重点，既强调相关职业通用知识与技能的传授，又强调特定职业、职位的特定知识与技能的培养。"宽基础、活模块"是模块课程的两大结构。"宽基础"部分的课程集合了相关职业所需要具备的知识和技能。"活模块"部分课程则专门针对某一特定职位或工种所必备的知识和技能。模块课程适用于职业教育和职业培训。

（二）课程设计的目标与原则

1. 课程设计的目标

确定课程目标是一项具有创造性的工作，经过需求评估以后，如何把培训目标转化为课程目标，指导整个课程编制过程，是课程设计者的一项重要任务。培训课程目标包括三个要素：操作目标、条件和标准。

操作目标是课程目标最主要的要素，它描述了参训者在培训结束时要会做什么。如技能培训中，规定目标是"使用、制造、安装或装配某设备"等。

条件是指学员要达到目标规定要求需要哪些条件。如员工完成工作任务所需的设备、材料、操作手册等。

规定一个标准是为了能够更有效地测量培训结果。如对操作速度、准确率等的测量。在对目标的陈述中，要明确列出这些标准。

2. 课程设计的原则

（1）符合现代社会学习者的需求

这是培训课程设计的基本依据。培训课程设计不同于学校课程设计，要以学习者的需要、兴趣、能力及经验作为课程要素决策的基础。

（2）符合成人学习认知规律

这是培训课程设计的主要原则。成人学习目的性明确，参加培训的原因就是为了提高某一方面的技能或补充新知识，以满足工作的需要。而且成人也有一定的工作经验。因此课程内容、教学方法等应根据成人认知规律设计。

（3）用系统的方法设计培训课程

按照系统理论，一个系统由输入、输出、转换和反馈四个部分组成。培训课程是一个系统，设计培训课程要综合考虑各要素之间的相互关系、各要素与系统之间的关系、系统与环境的关系。

培训的输入部分主要是社会和学习者的需求分析，此外，一切可供选择的资源都可作为这个系统的输入条件；输出部分就是学习者的知识、能力或态度达到课程目标的设计要求；转换由教学内容、教学模式、教学策略及其组织等构成，这些要素的选择与合理配置，是使系统的运作达到输出指标的保证；反馈是对主要课程的评价，它反向联系了输入与输出的关系，从而联系了各要素与系统之间的关系，及时把系统运行的动向、信息送到系统的输入端，反馈调节的结果是使系统处于稳定状态。

（4）用最优化原则指导培训课程体系设计

这是培训课程设计的中心指导思想，是培训课程设计活动所要解决的核心问题。教学最优化问题是帮助教师寻求在复杂教学活动中如何花费最少的时间而获得最大的效果。要达到培训教学的最优化状态，必须在培训过程中抓住最主要、最本质的东西。要做到正确分析培训对象特点、科学设置培训课程、合理安排教学进度、有效选择教学方法与教学媒介等。

（三）培训课程设计的基本要素

培训课程设计的基本要素有三个：教师、学习者、培训教材。

1. 教师

"能者为师"是一个基本原则。"能者"不一定是课程内容的专家学者，而专指有能力驾驭课程的人、能引导学习者达到课程目标的人。如果一位教师既是课程内容的专家学者，又是课程内容驾驭的能者，那是最理想的。教师也可以由多人组成。如课程主持人组织、挑选在课程内容的各个方面有不同优势的人来组成课程组，履行"上课"的职能。

2. 学习者

学习者是培训课程的主体，也是培训课程的一个要素。学习者不但是课程的接受者，也是一种可以利用的学习资源。只有充分调动学习者积极参与的培训课程，才有可能是效果最佳、效益最优的课程。

3. 培训教材

培训课程教材必须是事先精心准备的材料，必须切合学习者的实际需要，要有该领域最新信息的资料。因此培训教材除用教学大纲说明课程意图外，还可以用报纸、杂志的论文与案例作为教材，并配有音像教材、参考读物，组成一个资料包。

设计培训课程其他要注意的要素有课程目标、课程内容、教学模式、教学策略、课程评价、时间以及空间等。

（四）课程内容的设计

课程内容的选择一直是课程设计的核心问题，也是一个很棘手的难题。课程设置要本着"缺什么培训什么，需要什么培训什么"的原则，使学员掌握生产技术和技能；要适应多样化的学员背景，选择不同难度的课程内容进行课程水平的多样组合；要满足学员在时间方面的要求，确定课程内容、难度、时间三要素的组合方式。

1. 选择课程内容的原则

在课程内容的选择过程中，要注意以下三个方面：

（1）相关性

课程内容的选择要与企业生产经营实践活动结合在一起，反映企业生产经营实践的要求，主动适应企业生产经营发展趋势。这既是课程内容存在的前提，也是培训课程开发的内在动力。

（2）有效性

课程内容本身的有效性是指课程本身能解决需要解决的问题，这是判断培训水平高低的一个重要标准。它检视了课程开发与企业生产经营是否保持有密切的联系，以及这种联系的程度。这是培训课程的关键所在。

（3）价值性

培训不能满足需求的一个重要原因就是没有处理好培训课程内容选择上的价值性问题。要认识到课程内容最终是面向学员的，课程内容的选择既要满足学员的兴趣，又要反映培训的需求，只有这样，课程内容才能为学员所认可和同化，成为其自身的一部分。

2. 课程内容的安排

课程内容的安排是指要区分哪些资料是实现培训目标所必需的，怎样对它进行安排。培训者不能为了让学员在短时间内学会尽可能多的内容，而提供超过学员吸收能力的内容。在内容安排上，要决定哪些内容先介绍、哪些需要详细讲解，哪些是应用和实践活动、哪些是最后总结。一般安排的顺序是由熟悉到不熟悉、由简单到复杂、由易到难。

3. 课程设计效果评价

培训者应根据自己的工作经验，吸收同事的意见，对课程做出评价。但不要根据没有被认同的意见对课程做出改变。

第二节 培训方法及选择

在人力资源管理实践中，有很多培训方法，培训方法的不同会产生不同的培训结果，因此，选择适宜的培训方法至关重要。一方面，不同的培训方法存在各自的优点和缺点；另一方面，不同的培训方法的适用范围不同，所培训的对象也不同，所以组织应综合考虑具体的培训需求、受训者的特点、培训内容等来选择最恰当的培训方法。

一、培训方法的种类

（一）信息传递式培训方法

信息传递式培训方法是指培训者通过一定方式将培训信息（知识、技能和解决问题的方法等）传递给培训对象，使他们能够接收和吸收这些信息的培训方法。

1. 讲授法

讲授法是培训者运用语言文字将信息传递给受训者的方法。它是应用最为普遍，也是最传统的一种培训开发方法。它的最大优点是能够在短时间内将信息传递给一个大规模受训群体，无论何种类型的组织基本上都要或多或少地采取这种培训方法。此外，在讲授过程中师生之间可以有感情交流，相互作用、相互强化；教师还可以根据听课对象、设备和教材对讲授内容灵活处理；可以脱离具体情境的限制，使教学突破个人生活的局限，能够简单、有效地使学生获得知识。

在培训的各种方法中，讲授法是应用最广的培训方法，同时也是饱受批评的方法，其缺点主要表现在：①培训效果受培训师表达能力的影响较大；②单纯的讲授是单向的信息传递过程，缺少沟通和交流机制；③对受训者的差异不敏感，难以根据受训者的差异而采取恰当的方式；④不适合技能的培训，对受训者的态度和行为改变的效果不太明显。

不适宜使用讲授法的情形有：①教学的目标不在于习得信息而在于其他方面，如掌握技能；②强调长期保持；③学习材料复杂、精细或抽象；④必须有学习者的参与才能达到教学目标。

2. 研讨法

研讨法也叫会议法，是指培训者就工作中存在或遇到的问题有效组织受训人员进行讨论，由此让受训人员在讨论过程中互相交流和探讨，以提高受训人员知识和能力的一种培训方法。

它的主要优点是：①具有简单、及时、易操作的反馈机制；②是对讲授内容的必要补充，使讲授内容更加接近于工作实际；③平等、自由的研讨气氛有利于和谐关系的构建。

研讨法操作起来有一定的难度，主要表现在：①对讲授者的要求较高，讲授者不仅是讲授者，还是研讨过程的组织者和控制者，是反馈信息的收集者，是疑难问题的解答者，是讨论和谈话的引导者，也是研讨气氛的营造者；②对参与研讨的学员的要求也较高，学员们一般会存在懒惰和应付的心理，参与探讨的积极性不高，或者只愿意听别人的发言，自己不大愿意发言，或者对所学习的理论知识与实际工作的联系没有领会到位，出现无话可说的情况；③研讨法的成功实施需要有充分的时间、空间及师资力量等诸多方面的保障。

研讨法培训开发的主要目的是提高能力、培养意识、交流信息、产生新知。研讨法比较适宜于管理人员的培训开发或用于解决某些有一定难度的管理问题，如战略决策、领导艺术等内容的培训开发。

3. 视听法

视听法就是利用现代视听技术（如投影仪、录像、电视、电影、电脑等工具）传递信息对员工进行培训。这种方法通过视听刺激，使受训者留下深刻印象，录像是最常用的培训开发方法之一。该方法被广泛运用在提高员工沟通技能、面谈技能、客户服务技能等方面。但录像很少单独使用，与讲授法结合使用会达到很好的效果。

视听法的优点是：①直观鲜明，比讲授或讨论给人更深的印象；②教材生动形象且给学员以真实感，也比较容易引起受训人员的关心和兴趣；③视听使受训者受到前后一致的指导，使项目内容不会受到培训者兴趣和目标的影响；④视听教材可反复使用，从而能更好地适应受训人员的个别差异和不同水平的要求。

视听法的缺点是：①视听设备和教材的成本较高，内容易过时；②选择合适的视听教材不太容易；③学员处于被动的地位，反馈和实践较差，一般可作为培训的辅助手段。

（二）模拟式培训方法

模拟式培训方法是指将培训对象置于模拟的现实情景中，让他们依据模拟的现实工作环境做出及时的反应，分析在该环境中可能出现的各种问题，培养分析问题和解决问题能力的一种培训方法。这种方法是希望通过各种方法和技术，营造在环境上尽量接近实际的情景，在这样的环境中，培训对象能感觉到现在或以后要面临的问题和挑战，这样他们在探索知识、技能和能力时会全身心地投入进去，从而有利于开发特定的技能和将行为应用到工作中。这种培训方法越来越受到企业的重视。常用的模拟式培训方法主要有以下三种：

1. 案例研究法

案例研究法是指为参加培训的人员提供员工或组织如何处理棘手问题的书面描述，让培训对象分析和评价案例，提出解决问题的建议和方案的培训方法。

案例法的优点有：①给受训者真实的学习感受，使学习者对所学习的内容印象深刻；②给受训者独立解决问题的机会；③有利于学习者之间的沟通与协作；

④案例可以用来考核和评估受训者的培训效果。

案例法一般适用于新进员工、组织管理人员的培训，目的是训练他们具有良好的分析能力、解决问题能力和决策的能力，帮助他们学习如何在紧急状况下处理各类事件。在对战略决策、营销知识、财会知识等专业知识方面的培训中经常使用该方法。

2. 角色扮演法

角色扮演法指在一个模拟的工作环境中，指定参加者扮演某种角色，借助角色的演练来理解角色的内容，模拟性地处理工作事务，从而提高处理各种问题的能力的培训方法。它是在管理培训中使用最广的一种模拟式培训方法。角色扮演最常用的方法是让培训对象根据简单的背景资料或规定的情景扮演分配给他们的角色。

这种方法的适用范围比较宽泛，可应用于训练态度仪容和言谈举止等人际关系技能，如询问、电话应对、销售技术、业务会谈等基本技能的学习和提高。它不仅适用于培训生产和销售人员，更适用于管理人员的培训。除此之外，角色扮演特别适合用于矫正员工的工作行为，采用这种培训方法使培训对象能易地而处，真正体验到所扮演角色的感受及行为，能使训练对象进行较深入思考、分析不同角色所担当的任务与困难，经过观察，改正自己原先的态度与行为。最常见的例子是生产部门与销售部门的经理常因业务性质不同，不能体会对方的处境及权责而发生冲突。如运用角色互换的方法，则能亲身体验对方的困境，有助于减少彼此间的误解。

角色扮演法的主要优点是能够通过体验，深刻地领会知识的运用及组织的运作等，有利于通过扮演角色来改变自身的态度和行为，使受训者主动参与到组织内部劳动关系的重塑中，从而自发地推动和谐劳动关系的构建。角色扮演法的主要缺点是信息受限，如果一个人不能扮演很多角色，他所得到的信息就极为有限，所关注的问题会局限在自己所扮演的角色所面临的问题，很难同等程度地关注其他角色的困境。

3. 游戏培训法

游戏培训法是一项具有合作及竞争特性的活动，它综合了案例研究与角色扮演的形式，要求参与者模仿一个真实的动态的情景，参与者必须遵守游戏规则，彼此互相合作或竞争，以达到某种目标的方法。游戏法的最大优点是其趣味性和竞争性能够最大限度地吸引学员的参与兴趣，激发学习者的深入思考，提高对问题的敏感度，使员工在不知不觉中巩固所学的知识、技能，开拓思路，提高解决问题的能力。目前，已经有专门的培训公司开发各种游戏供企业使用，而且他们会根据培训的目的和对象的不同设定不同类别的游戏方法，如团队建设类、沟通技巧类和激励类等。

使用游戏法进行培训还需要注意以下问题：①应具有创新性，可以购买有关培训游戏的书籍，不过书中提到的游戏可能趣味性太强，会妨碍组织成员的创造性发挥，还可以采用电视游戏秀或者桌面游戏等形式；②将游戏同培训目标结合起来；③将游戏放在每天的课程结束时间；④适度使用游戏这种方式，如果过多地使用游戏方式，游戏的教学功能就会减弱；⑤在游戏结束时简单介绍一下游戏参与者，并总结观点。游戏可以带给学员乐趣，但是还须对游戏中的原则进行总结，这样可以加深学员的印象。

（三）在职培训方法

在职培训是为了避免所学知识和实际工作相脱节的问题，不脱离工作岗位进行的一种培训方式。这类方法与信息传递式培训和模拟式方法有所不同，它将工作与学习融为一体，是在工作中学习的一种方法。虽然模拟法强调对实际工作情景的真实模拟，但这是一种虚拟感觉，和现实工作有一定的距离。而在职培训可以使得培训对象真正将学习与工作融为一体，容易解决培训中的许多根本性的问题。下面介绍常见的四种：

1. 工作轮换

所谓工作轮换，就是将员工轮换到另一个同等水平、技术要求接近的工作职位上去工作。员工长期从事同一职位的工作，特别是那些从事常规性工作的员工，时间长了会觉得工作很枯燥，缺乏变化和挑战。员工也不希望自己只掌握一种工作技能，而是希望能够掌握更多不同的工作技能以提高对环境的适应能力。因此，工作轮换也常常与培养员工多样化的工作技能结合在一起，也被称为交叉培训法。

工作轮换有利于促进员工对组织不同部门的了解，从而对整个组织的运作形成一个完整的概念；有利于改进员工的工作技能，提高员工的解决问题能力和决策能力，帮助他们选择更合适的工作；有利于部门之间的了解和合作，也有利于增加员工的工作满意度。因此，工作轮换法一般用于高级职员或高级管理者的培训，也可以用于帮助新员工理解他们工作领域内的各种工作。它既是一种新兴的管理制度，也是一种行之有效的培训方法。就缺点而言，由于不断地进行工作轮换，给被培训者增加了工作负担，而且，从员工的角度来看，参加工作轮换法培训的员工比未参加这种培训的员工能得到更快的晋升和较高的薪水，因此容易引起未参加此种培训的员工的不满。

2. 师徒制

"师徒制"即所谓的学徒式培训，有些企业称之为"导师制""指导人制度"等，它是一种既有在职培训又有课堂学习的培训方法。这一方法的适用范围主要是在技能行业，如木工、车工、电工、管道工等，主要用于新员工的培训。传统的师徒制没有固定的模式，师父凭借自己的知识和技能指导徒弟，先给徒弟讲解一些基本要点，然后自己示范，徒弟通过观察和模仿获得经验，因而这种培训方法比较迟缓，适合于生产规模小、技术独特的场合，如技术复杂、要求操作方法应变性强的工作、科学研究的某些阶段等。在我国，师徒制由来已久，曾一度成为青年掌握技能的重要途径。过去新工人进厂，均由企业指定技能高超的师傅进行传帮带，两三年学徒期满后，则由企业对其进行技能考核，确定徒弟的技能等级，达不到要求者还要延期出徒。

新式的师徒制要求根据学习的技术程度，制订学习计划，并指定专人负责，采用在职培训和课堂培训相结合的方式分几段进行，因而效率大大提高。新式的师徒制不仅适用于技能行业，也适用于工作结构性差的工作，如经理的管理工作就可以使用这种培训方法，做一个阶段的经理助理，可以在很大程度上提高其管理能力。在实际的培训过程中，该方法可以与讲座、录像、图形演示、计算机等方法结合使用。在有的国家，新的师徒制是需要国家或地方政府机构进行认证的。如在美国，通过认证的项目至少应该包括 144 小时的课堂学习时间和 2000小时或者 1 年的在职工作体验。

3. 教练法

教练是陈述和分析人们如何使用一项具体技能和帮助人们提高或改善其工作绩效的过程。教练法是由一位有经验的技术能手或直接主管人员对培训对象进行指导，教其如何做，提出如何做好的建议，并对其进行激励的培训方法，其目的就是将掌握了该领域知识和人际基本技能的员工训练成高水平、有很强胜任力的员工。

教练法培训的关键点是要了解受训者所掌握的知识和技能的熟练程度，这不仅要求管理者和职业培训人员掌握员工的情况，教练能够准确地判断和分析受训者的状况，同时也要求受训者对于培训和开发有着很强的自我判断和自我管理能力，能够承担培训和开发的责任。教练法培训的缺点是教练的短缺，因为具备教练资格的人要在该领域有纯熟的技能，有些经验是只能意会、不可言传的，只能通过隐性的方式，通过教练和受训者之间的磨合和互动才能传递和提高。

4. 行动学习法

行动学习法即给团队或工作群体一个实际工作中所面临的问题，让团队成员合作解决并制订出行动计划，再由他们负责实施该计划的培训方式。行动学习通常是一个完整培训项目的有机组成部分，是以工作能力的实际提升为导向的。研究表明，通过讲授、演示等方式只能让学员知晓、了解有关的知识、技能和价值观，而无法将这些知识、技能等有效转化为工作行为和工作技能。行动学习的方法给予学员一个在工作中运用新方法和新技能解决实际问题的机会，这不仅可以极大地激发学员的学习热情，而且可以有效地实现培训内容向实际工作技能的转化，有利于发现阻碍团队有效解决问题的一些非正常因素。

行动学习也可以是一种独立的培训方式，让学员和学员团队通过解决工作中的实际问题，自己观察、体悟和总结，以积累工作经验，掌握相应的知识技能。行动学习作为一种培训方式与纯粹的工作经历是有所区别的。首先，提供给学员解决的实际问题应该是经过精心选择的，要与培训目标紧密联系。其次，是行动学习应得到适当的指导，无论是解决问题方案的制订还是方案的执行。总之，行动学习不是员工或员工团体自然的成长过程。

行动学习在实践中具有一定的困难。首先，它应当以公司中一定时期确实存在与培训内容相关的希望解决的问题为前提，否则就缺乏实战的场景。其次，行动学习不仅涉及制订解决问题的方案，还涉及方案的执行。方案的执行是实战，不是纸上谈兵，需要耗费人力、物力、资金、时间等公司的宝贵资源，还要承担可能失败的风险。因此，行动学习需要公司领导和各个职能部门的理解和支持，如何得到这些理解和支持本身也是具有挑战性的。当然，行动学习如果应用得当、组织良好的话，确实是益处多多。它不仅在实践中加深了学员对培训内容的理解，还将培训效果延续到日常工作中，转化为员工实际的工作技能，同时也加强了各部门协同工作的意识和能力，不失为一种投资回报率较高的培训方式。

（四）基于新技术的培训方法

随着计算机、多媒体和网络等新技术的发展和普及，人们发现利用这些新技术进行培训，可使得培训工作发生巨大的变化。虽然这些新的培训方法并不能完全取代传统的培训方法，但在与传统方法的配合使用中能够对培训工作产生深刻的影响，它不仅改变了培训观念与方式，还在很多时候对学习理念产生革命性的影响。基于新技术的培训方法主要有以下六种：

1. 以计算机为基础的培训

以计算机为基础的培训（Computer Based Training，CBT）是指计算机提出培训的相关问题，培训对象做出回答，然后由计算机分析这些答案，并将分析结果反馈给培训对象的一种互动式培训方式。它包括一系列的互动性录像、计算机硬件和计算机应用程序等，主要通过设计一些课程程序和软件来帮助培训对象进行自主学习，因此，CBT 多数为自适应培训，尤其适合于对一些基本知识和概念掌握的培训。以计算机为基础的培训最大的优势在于其互动性，但这种互动主要是培训对象与计算机之间的互动。

2. 多媒体培训

多媒体培训是将各种视听辅助设备（或视听媒介，包括文本、图表、动画、录像等）与计算机结合起来进行培训的一种现代技术。多媒体技术是以计算机为中心，综合处理和控制多媒体信息，并按人的要求以多种媒体形式表现出来，同时作用于人的多种感官。因此多媒体培训技术使得原来抽象、枯燥的知识变得生动、形象，能够更加直观地把内容传递给培训对象，激发其学习兴趣和求知欲望。由于多媒体培训以计算机为基础，培训对象可以用互动的方式来学习内容，让他们通过亲自参与来发现问题，系统可以进行及时的引导、提供帮助，这就大大加深了培训对象对尚未掌握知识的理解，提高了培训对象处理实际问题的能力。在培训中可采用交互式录像和利用网络等方式进行培训。

虽然目前多媒体培训的使用频率较高，在进行管理技能和技术技能培训时也有一定的应用，但它仍存在一些缺点，如培训费用较高、不适合人际交往技能培训等。制约多媒体培训的最大问题是开发费用，多媒体培训教材开发的费用在2.5万~25万美元，而且培训内容需要不断更新，这使得开发费用大大增加。因此，培训者应该正视其优缺点，合理利用多媒体培训技术。

3. 虚拟现实

虚拟现实是为培训对象提供三维学习方式的计算机技术，即通过使用专业设备（佩戴特殊的眼镜和头套）和观看计算机屏幕上的虚拟模型，让培训对象感受模拟环境并同虚拟的要素进行沟通，且利用技术来刺激培训对象的多重知觉。在虚拟现实中，培训对象获得的知觉信息、对环境传感器的控制感以及培训对象对环境的调试反馈都会达到身临其境的感觉。虚拟现实适用于工作任务较为复杂或需要广泛运用视觉提示的员工培训，这种方式可以将受训者转移到现实生活中难以重现的环境中，给予培训对象在受控环境中检验各种假设的机会，这样在操作中既不承担现实世界的后果，又不浪费资源。摩托罗拉在高级生产课程上对员工进行寻呼机自动装配设备操作培训时，就采用了虚拟现实的技术，在显示屏上，学习者可以看到实际的工作场所、机器人和装配操作的虚拟世界，他们能听到真实的声音，且机器设备还能对员工的行动（如打开开关或者拨号等）有所反应。

4. 远程培训

远程培训是利用现代信息传输技术手段为分散在不同地域的公司或学员提供信息和技术的远距离培训。远程培训方式可以包括网络培训等多媒体培训方式。传统的远程培训通过公司的内部网、录像、教学软件，可以分发课程材料和布置作业。而培训者和培训对象之间则可以通过电子邮箱、公告栏和电子会议系统进行沟通。远程培训的最大优点在于能为公司节约交通费用。通过这种方式可以使处于不同地区的员工获得专家的培训。其缺点在于缺乏培训者和培训对象之间的沟通。要使培训能产生良好的效果，必须在培训者和培训对象之间形成良好的互动。目前，随着多媒体、互联网等技术的发展，很多企业把这些新技术运用到远程培训当中，把这种改进过的培训方式称为现代远程培训。现代远程培训方式是指借助卫星电视网络、电信网络和计算机网络及（数字）多媒体实现人员异地交互的一种培训方式。

5. 电子学习

E-Learning 这个概念来自国外，指电子学习。电子学习就是在线学习或网络化学习，即通过建立互联网平台，培训对象通过 PC 上网，通过网络进行学习的一种学习方式。当然，这种学习方式离不开由多媒体网络学习资源、网上学习社区及网络技术平台构成的网络学习环境。在网络学习环境中，汇集了大量数据、档案资料、程序、教学软件、兴趣讨论组、新闻组等学习资源，形成了一个高度综合集成的资源库。E-Learning 优于传统的培训在于它不仅仅局限于多媒体课程教学，还包括传送有助于提升绩效的信息和工具，重点在于它给培训对象提供了一种学习的解决方案。在企业中，电子学习一般指企业开展的借助网络的电子培训或远程培训。

E-Learning 的优点主要有三个。①大众化与个性化兼容。电子学习使每个员工都不受时间和地点的限制，从而实现了真正意义上的全员培训；同时它又能实现个性化的学习，使员工按照所学专业、所在职务和从事业务的不同来选择自己所需的课程。②高效率和低成本。从效率上看，电子学习能促进知识不断更新，同时员工能更好、更快地吸收新知识，进而适应企业发展、技术更新和市场不断变化的情况，提高知识的更新频率，大大提高了培训效率。从成本上看，电子学习节省了差旅、住宿、培训师、租赁教室和培训设备等费用，同时还可在职学习，不影响工作，节省了大量的机会成本。③可跟踪，易管理。电子学习可对员工的学习时间、内容、进度和成绩等信息进行记录和追踪，并能自动生成所需的各种报表，这为人力资源管理考核提供了重要的依据。

尽管当前电子学习在全球范围内都得到了广泛的认可，但它也存在着一定的缺点。①对硬件要求较高，需要有高配置的电脑、稳定的网络。②缺少情感沟通。情感沟通是网络培训所遇到的最大难题，培训者和培训对象之间不能够进行充分的情感和情绪上的沟通，使得培训效果大打折扣。因此，要考虑电子学习这种方式是否适合培训内容，如人际交流技能就很难通过网络学会。③培训内容需不断更新、与时俱进。但电子学习体系所采用的课程大部分都是标准化的，不易修改，在解决问题的针对性和学习的互动性方面还存在很多缺陷，使得电子学习体系在课程选择和应用方面受到一定的限制。

6. 移动学习

智能手机、平板电脑以及高速带宽的普及速度已然超过我们的预想，一个移动互联时代已经提前到来。移动设备正在改变我们与他人沟通的方式，以及我们访问和管理信息的方式，基于移动终端的学习正在成为一种趋势。

理想的移动学习应该可以将学习主体需求进一步细分，将知识点进一步分解凝练具化成一个个短而精的视频、图画等，通过 E-Learning 课件、短信、彩信甚至微信等多媒体技术发送给用户。用学科、时间、地域等特定主线整合知识点，使知识成形并内化，帮用户系统学习，同非专业性自媒体等进行区别。但是目前，大多数企业类培训机构开发的移动端产品还是照搬 PC 端内容，且内容多是通用型知识，时间长达 30 分钟，形式则是相对单纯的 APP 软件。针对企业的定制化还较少，更难针对企业不同岗位员工开发个性化有趣的内容。

移动学习使得学习者可在工作之余或工作间歇时进行自学，自己控制学习节奏，在需要时进行即时学习，并不断提升自己的能力。在影响着人们现实生活方式的同时，也提供了大量干货知识和信息，这也势必弱化了员工对专业性培训和系统性学习的渴望，挤占专业学习培训工具在移动端的生存空间。

由于移动互联网接入方式、访问时间地点和访问内容的碎片化的特征，移动学习往往和碎片化学习交织在一起。从学习效果来看，不能说碎片化就比系统化学习强，但从成年人的角度来说，离开校园之后，在忙碌的工作中，抽出时间和精力进行系统化的学习往往有心无力。

而利用碎片时间，比如地铁上、机场里、开无聊会议时学点东西，还是比较有可能的。从知识供给的角度来说，碎片化的学习内容需要建立在系统化的思维框架下，这往往比系统的知识输出还需要技巧。

因此，无论是移动学习还是碎片化学习，虽然是培训的一个必然趋势，但移动学习不是一种独立的学习技术，在大多数情况下，它是混合式学习的组成部分，即总体学习体验的其中一部分，而碎片化学习也不能完全替代系统化学习。

二、培训方法的选择

培训方法的选择在培训过程中至关重要，它直接关系到培训工作的成败。因为培训方法的多样性，再加上不同的培训方法具有各不相同的优缺点，所以其应用范围也各不相同。这就使选择培训方法变得比较困难。大量的培训实践表明，选择科学的培训方法必须考虑以下五个因素：

（一）培训方法和目标的匹配性

在选择培训方法时，要把培训目标的考量放在第一位。培训组织者要首先确定培训所要产生的学习成果，选择一种或几种最有利于实现培训目标的培训方法，再结合开发和使用已选择的培训方法的成本，做出最佳选择，以最大限度地保证培训成果的转化。

（二）受训者的特点

培训的最终目的是达到一定的培训效果，而培训对象往往由于年龄、工龄、资历、国籍、身份（如公司员工与经销商或代理商）等的不同，对于培训内容的接受程度不同，应根据各自的特点采用适当的培训方法。

对于新员工，需要对组织有全面的感性认识和理性认识，应更多采用实习的方法；对于基层员工，由于文化基础的限制，培训应选择容易理解的、参与性强的，如角色扮演、游戏活动、实践练习等方法；对于跨国公司的员工，因文化背景、国家发展程度的不同，存在一定观念和习惯的差别，应充分考虑以上差异，选择合适的培训方法；对于客户，应选择讨论式、活动式的培训方法，让客户在相对轻松的气氛和环境中得到启发，或对企业和产品产生更加全面的认识和信心。

对于 90 后、00 后员工，他们是伴随着互联网发展成长的一代，思想活跃，接受新事物快，对于他们应采取更为灵活的培训方式。可利用计算机辅助培训、网络培训、多媒体远程培训等新兴培训方式，并通过建立 QQ 群、微信群等形式，使受训者自主安排参与培训的时间，积极参与讨论，促进培训成果的转化。

除了考虑受训者的个体差异，还需要区分受训者所在职位的差别，对不同的职位运用不同的培训方法。比如，对组织来说，一线员工和管理层次的员工，培训方法应该有很大差异。即使是管理层的培训，也应该分出层次，对高层管理者、中层管理者和初级管理者进行培训应选择不同的方法。如果在培训方法上分不出层次，针对不同员工进行的培训效果也不好。

（三）培训方法对内容的适应性

培训方法有很多种，但没有一成不变的方法，应结合培训内容，选择适当的培训方法。例如，对于知识性课程，采用课堂培训法比较合适，因为知识性课程涵盖的内容较多，且理论性较强，课堂培训法更能够体现其逻辑相关性；对于技能性课程，采用角色扮演法更合适，因为其目的是要求学员掌握实际操作能力，通过角色扮演的反复练习使本来不会做的事应用自如并能够创造性地发挥；对于态度转化课程，采用活动式、游戏式的方法较为合适；管理人员宜用案例分析法；通才训练宜用工作轮换法。

（四）培训预算成本的可行性

培训方法的选择依赖于培训经费的支持，预算经费紧张时培训组织者应该选择讲座法，这样既可以节省资源，又可以使培训在比较大的范围内进行。当资金条件比较好时，则可以考虑使用角色扮演、情景模拟等方法。

（五）培训方法自身的特点

不同的培训方法在获得知识、改变态度、解决难题、人际沟通、参与许可、知识保持等方面的效果存在差异，选择培训方法时必须权衡利弊。实际上，没有一种培训方法是万能的，也没有一种方法是最佳的。对培训组织者来说，重要的是根据培训目的和内容、培训对象、时间地点的不同，选择不同的方法或者一组最佳的方法组合。在培训方法选择的过程中，培训组织者重点是需要了解不同方法的优缺点及适用情况，了解不同方法在应用中应注意的问题以及培训效果等。

第三节　培训师的选择与培训机构的选择

一、培训师的选择与培训

培训师的选择是培训工作取得成功的关键，也是培训准备工作的重中之重。

（一）培训师的特点与能力

1. 培训师的特点

培训师一般具有如下特点：

①有教学愿望。一个不喜欢帮助他人学习的人肯定不是好的培训老师。

②知识丰富。培训师必须具有渊博的知识，尤其是对于培训内容方面。

③表达能力强。表达能力的强弱直接影响着培训开发双方的交流和沟通，从而直接影响到培训效果的好坏。

④耐心。一个好的培训师必须是有耐心的，具有包容的性格。

⑤有幽默感。幽默感能够保持受训者的活跃和注意力。

⑥来自受训者的尊敬。这点非常重要，它直接影响到培训的最终效果。

⑦培训的热情。如果培训师在承担培训活动时是热情的，这种热情会传递给受训者；相反，培训师缺乏热情也会影响受训者，使其学习情绪不高。

2. 培训师的能力

除了上述特点外，培训师还应该具有以下能力：

（1）观察与捕捉的能力

培训师应该能够及时发现组织经营与管理中可能被掩盖的重大问题，帮助组织的管理者与员工解决实际问题，而不仅仅是将过去发生的问题作为案例来讲解。

（2）分析与总结能力

培训师应善于通过观察来捕捉大量的组织信息与课堂信息。就某一事件或现象而言，其表面现象的背后均掩盖着实质性的问题，培训师必须能够对事件或现象进行透彻的分析，找出事件背后的规律性，给学员提出具有指导意义的建议。

（3）策划与组织能力

培训师必须掌握科学的教育规律：第一，要根据培训需求确立具体的教学目标，必须能够帮助学员解决实际工作中遇到的具体问题，以提高学员实际工作技能；第二，科学设计课程内容，使课程内容与学员的实际工作相联系；第三，策划灵活、多样的授课方式，受训学员一般具有丰富的个性化经验，培训授课应采取能够充分利用学员经验的课堂讨论、案例分析、模拟游戏或角色扮演等方式；第四，创造出一种学员感到自己被接受、被尊重、畅所欲言，并得到支持的学习氛围；第五，培训教师要有强有力的课堂控制能力，使课堂气氛活而不散，并具有感染力。

（4）引导与应变能力

培训是一个帮助人学习的过程。在教学过程中，培训师只是学员学习的催化剂或向导，培训师要善于联系生活和工作实际来引导学员学习新的理论知识，提升学员的理论水平。为此，培训师要具备良好的引导能力和高度的应变能力，使自己在教学中始终处于引导地位。

（5）表达与沟通能力

口头和书面表达能力是衡量教师能力高低的重要尺度，培训师必须能够用准确、简练的语言表达其所要传授的课程内容。同时，培训师还要有良好的沟通能力。当今培训强调学员的积极参与，培训师与学员要形成互动，只有具备良好沟通能力的培训教师才能调动学员的积极性与主动性，才能达到寓教于乐的效果。

（6）学习与创新能力

未来社会需要富有创新精神的开拓型人才，要造就创新型人才，培训师首先就应当具备创新意识和创新能力。一是理论知识的创新，形成自己的理论观点；二是理论应用的创新，把原有的理论应用到新的领域解决新的问题；三是能够对组织实践进行理论分析、总结，使单个实践案例具有一定的指导意义。

（二）培训师的类型

根据培训师的知识和经验、培训技能、个人魅力三个维度，及其两种表现

（一般或者好），可以将培训师从高到低分为八种类型。

①卓越型培训师。这类培训师既有丰富的理论知识，又有丰富的实践经验。他们既熟练地掌握各种培训技能，又富有个人魅力，因此培训效果极佳。

②专业型培训师。这类培训师也拥有扎实的理论功底和丰富的实践经验，他们熟练地掌握各种培训技能，但是缺乏个人魅力，因此培训效果较佳。

③技巧型培训师。这类培训师既富有个人魅力，也掌握各种培训技能，但缺乏相关知识和经验，因此在培训过程中受训者感觉不错，但实际效果不一定最佳。

④演讲型培训师。这类培训师极富个人魅力，又有相当丰富的知识和经验，但是缺乏培训技能。他们往往口若悬河、妙趣横生，但只会运用授课技能，结果是掌声雷动，而培训效果欠佳。

⑤肤浅型培训师。也叫形式型培训师，这类培训师熟练地掌握培训技能，但既缺乏个人魅力，又缺乏必要的知识和经验，因此在培训中可能故事不断、笑话连连；也可能不断引导，引发讨论而无结果，最终使培训走过场，无法获得应有的效果。

⑥讲师型培训师。这类培训师以大学教师为多，他们有丰富的知识和经验，但既没有受过培训方面的训练，又缺乏个人魅力，结果使受训者状态不佳，前听后忘，培训效果不佳。

⑦敏感型培训师。这类培训师富有个人魅力，但是既缺乏培训技能，又缺乏相关知识和经验。他们的特点是培训过程中不断提问，请受训者回答，但又不做指导，结果使受训者不知所云，培训效果也不理想。

⑧弱型培训师。这类培训师是最差的一类培训师，他们在知识和经验、培训技能、个人魅力三个维度都处于低水平，他们不是对着黑板读讲稿，就是叫受训者轮流读教材，结果使受训者浪费时间、浪费精力，培训效果极差。

组织在培训时，最好聘请卓越型培训师，如果请不到也可以聘请专业型培训师、技巧型培训师和演讲型培训师；要防止聘请肤浅型培训师、讲师型培训师和敏感型培训师；一定不能聘请弱型培训师。

（三）培训师的甄选

培训师的来源主要有两个：一是来自组织内部；二是来自组织外部。内部培训师和外部培训师有不同的特点，所以在甄选时要注意不同的问题。

1. 内部培训师的甄选

内部培训师的来源一般为各级管理人员和各职类职种的业务骨干。来自组织内部的培训师有其特殊的优势。他们能用组织熟悉的语言和事例来解释培训的内容，便于学员接受和理解；内部培训师了解组织的文化和战略，深知培训的具体目标，因此提供的培训更具有针对性。

从组织的角度来讲，内部培训师制度是对那些有个人成就需求的员工的有效激励手段，是其职业发展的一个重要途径。因此，建立内部培训师制度，尽可能地发现、培养和使用内部优秀员工，对于组织的发展、培训项目的实施以及员工的成长均有重大的意义。内部培训师制度的内容应包括内部培训师的选拔对象、选拔流程、选拔标准、上岗认证、任职资格管理、培训与开发以及激励和约束机制等。

企业在使用内部培训师的过程中要协调好兼职培训师与其日常工作之间的关系。这些内部培训师同时也是管理人员或业务骨干，培训工作与其日常工作的冲突是客观存在的。人力资源部门要争取高层领导的支持，与内部培训师所在部门的主管加强沟通与协调，通过制度建设，提高内部培训师的荣誉感，确保内部培训师能够准时到位开展培训工作，避免因内部培训师的时间问题导致培训计划的延期、调整甚至取消。

2. 外部培训师的甄选

聘用外部培训师的优势在于：选择余地大，可根据需要选择不同档次的培训师；可带来全新的视角、理念、信息和风格；可提高培训学员的兴趣和培训的效果。

聘用外部培训师的一个最大问题是组织对其不了解，或者了解的时间和精力成本太高。特别是第一次聘用的培训师，风险较大。为此，人力资源部门对于外聘培训师的管理应该有一套规范的制度，从应聘条件到选拔程序，从接受申请、试讲、资格评价、签订合同等都要有章可循。聘用外部培训师的第二个问题是培训师对组织不熟悉，所传授的内容可能不实用，或无法解决组织的实际问题。第三个问题是培训工作中的沟通和协调相对比较困难。当然，还有培训费用高的问题。

（1）寻找卓越型培训师的途径

优秀人才一定是紧缺人才，同样卓越型培训师在市场上也不多见。寻找卓越型培训师主要可以通过以下途径：

①参加各种培训班。通过培训班，可以直接与各种培训师接触，可以观察到不同培训师的风格，从而可以寻找到组织需要的卓越型培训师。

②去高校旁听。可以去高校旁听各门相关课程，从中发掘出一些卓越型培训师。

③熟人介绍。通过亲朋好友，或者通过同事，相互介绍后可以知道各位培训师的水平，从而选择到适合本组织的培训师。

④专业协会介绍。可以多参加专业协会的活动，尤其是专业协会组织的培训或演讲会，从中也可以寻找到一些优秀的培训师。

⑤与培训公司保持接触。应该说，培训公司是卓越型培训师最集中的地方，而许多培训公司为了拓展市场，经常会主动与企业接触，因此，企业也应该与多个培训公司保持接触，为我所用，寻找卓越型培训师，达到良好的培训效果。

（2）甄选外部培训师的方法

①让培训师做一次试讲，以全面了解其知识、经验、培训技能和个人魅力等情况。

②索要一份培训师的简历。简历可以提供培训师受过什么教育、有什么经历、从事过什么工作、主持过哪些培训等信息。

③通过面谈了解培训师实际水平。如了解其对培训方法和组织运作机制的熟悉程度，了解其是否知道组织内训与一般教育的区别，怎样达到本次培训的目的以及对本次培训活动的态度和看法等。

④要求培训师提供一份培训大纲。从大纲中，可以看出培训师对培训内容的熟悉程度，对培训技巧的运用能力以及培训的计划能力等。

（四）培训师的培训

1. 内部培训师的培训

企业内经常要进行的一些培训项目，如追求卓越心态、领导技能、推销技能、新进员工定向培训等，可以通过培养自己单位的培训师来达到组织目标。

要培养内部培训师，首先要寻找合适的培训师候选人。培训师候选人应该具备以下一些基本条件：

①喜欢培训工作。

②有一定的相关知识。

③有一定的实践经验。

④善于进行信息沟通。

⑤心态较积极。

⑥善于学习。

⑦善于语言表达。

组织内部的培训师常常缺乏课程设计、授课方式、组织教学等技能，因此，对其培训应集中在教学素质和技能方面。人力资源部门也可以安排有经验的培训师对内部培训师进行培训，或组织他们参加一些经过精心选择的授课技巧较好的培训师开设的公开课。

为了提高内部培训师的授课能力，人力资源部门可以组织内部培训师定期或不定期地进行教学教研活动，如模拟授课或交流教学体会等。比较有效而方便的一种方法是让组织重点培养的内部培训师担任外聘的资深培训师的助手，在助手为外聘培训师准备组织内部的案例、素材的同时，可以认真学习外聘培训师的授课技能，以期在短期内较明显地提高自己的授课水平。

2. 外部培训师的培训

对外部培训师的培训主要是为了弥补外部培训师对组织的情况不了解导致的培训针对性差的问题。对外部培训师的培训应集中在介绍组织状况方面，包括组织战略、组织文化、社会主义核心价值观、组织的产品和服务、面临的主要问题和挑战等。尤其是本培训项目推出的目的和目标，一定要通过反复的沟通使培训师有一个全面、准确、深刻的理解。

为外部培训师配备助手也是一个较好的解决问题的方法。通过助手向外部培训师提供组织的背景资料或主动收集学员的意见并反馈给外部培训师；助手还可以就外部培训师的授课内容和方式提出自己的建议。

二、培训机构的选择与培训风险防范

(一) 培训机构选择的步骤

企业每年会有大量不同内容的培训，有的培训可以由企业内部的讲师或员工完成，有的培训则是借助外部培训机构完成。组织是自行开发培训还是另选培训机构，使部分培训职能外包，取决于一些因素。这些因素包括组织自身拥有的人员和专业水平，财务预算的约束和有关的价值观。如果自己缺乏高质量的培训师资或外包培训成本更低、效益更好，组织就倾向于向外购买培训服务。

培训的供应商相当广泛，可以是咨询人员、咨询公司、研究所、培训公司和高校，每家培训机构都有自己的优势，但是并不一定适合自己的单位。因而在挑选培训机构的时候，一定要针对自己单位的实际情况进行挑选。

一般与培训机构联系的步骤如下：

1. 确定目标

确定培训目标，收集相关培训机构信息。其收集渠道主要包括专业报纸、杂志、网络和他人推荐。挑选对象主要包括管理咨询公司、大学、培训公司和管理顾问。

2. 建立联系

与培训机构初步联系，发出征询建议书，并要求提供相关培训课程的方案。

征询建议书的内容通常包括以下方面：

①概括说明组织所寻求的服务种类。

②所需参考资料的类型和数量。

③接受培训的人员数量。

④项目资金。

⑤评价满意度。

⑥服务水平的标准和流程。

⑦预期完成项目的时间。

⑧组织接受建议的截止日期。

组织可以通过邮寄的方式将征询建议书送到潜在的供应商手中，也可以在网上公布。征询建议书实际上提供了评价供应商的一整套规范标准。同时，也帮助组织筛选掉了一部分供应商。

3．挑选机构

对于接受征询建议书的可能的培训供应商，通过挑选确定两到三家候选机构，分别进行联系、比较。

4．落地执行

最终落实培训机构，进一步交流沟通，明确实施方案并执行方案。

（二）考察培训机构的注意事项

一般来说，考察遴选培训机构时应注意考虑以下因素：

①该公司在设计和传递培训方面的经验如何。

②该公司的人员构成及对员工的任职资格要求。

③曾经开发过的培训项目或拥有的客户。

④为所提供服务的客户提供的参考资料、授课资料等。

⑤可说明所提供的培训项目是卓有成效的证据。

⑥该公司对本行业、本单位发展状况的了解程度。

⑦培训项目的开发时间。

⑧培训机构在曾经服务过的企业中的口碑如何，该供应商以前的客户或专业组织对其声誉、服务和经验的评价如何。

⑨培训机构的名气与实际情况是否相符。

⑩提供的培训项目是针对本单位的特殊情况还是根据以往给其他组织的培训基本框架来提供服务。

⑪是否了解本单位的实际需要。

⑫外包培训成本与其所提供的服务价值是否对等。

（三）培训的风险分析

培训对组织而言是一种重要的人力资本投资，同其他的资本投资一样，既有收益也会有风险，因为风险和收益是共存的、不可分割的。培训风险是指组织培训过程及其结果，由于观念、组织、技术、环境等诸多负面影响而对组织造成直接或潜在损失的可能性。从其成因来看，培训风险可以分为培训的内在风险和外在风险。

1. 培训的内在风险

所谓培训的内在风险，是指由于组织没有对培训进行合理的规划和有效的管理而导致培训的质量不高，使得培训目的难以达到，培训投资效益低下。培训的内在风险源于培训本身，它主要包括以下两种：

（1）培训观念风险

观念风险指的是由于高层领导或者受训员工对培训没有一个正确的认识和定位而可能对组织造成不良影响和损失的风险。目前，一些企业高层领导存在着对培训的认识误区，如认为"培训会增加企业的运营成本""培训会使更多的员工跳槽，造成大量人才流失""企业效益好无需培训"等，这些无疑会影响培训的效果。作为直接参与人的受训员工，他们对培训的认知及参与态度也直接影响着培训的成败。

（2）培训技术风险

培训技术风险是指在培训需求分析、制订培训计划、风险评价及培训实施过程中，因不能及时正确地做出判断和结论，可能对组织造成损失的风险。有些企业由于培训需求不明确，培训需求调查不深入，没有与企业远期、近期目标结合起来，企业没有明确的素质模型或岗位需求，培训没有与员工的"短板"相结合，选择的培训内容、培训形式、培训师偏离真正需要，使培训缺乏针对性，达不到预期目的，因而也就不可能有效。

2. 培训的外在风险

培训的外在风险是指虽然培训项目实现了预定目标，但由于各种外在因素导致组织遭受各种直接或间接损失的风险。常见的培训外在风险主要包括如下四种：

（1）人才流失的风险

经过培训后，员工的能力和素质得到提高，受训员工对知识和自我实现的追求更高，产生了更换工作环境的需求。据哈佛企业管理顾问公司的离职原因调查显示，"想尝试新工作以培养其他方面的特长"被列于众多原因之首。企业投资培训是为了增加企业人力资本存量，为本企业创造经济收益，而培训后的人员流失，必然使得本企业的这部分培训投资无法收回成本，造成人力、物力的巨大损失。

（2）培养竞争对手的风险

企业员工培训的目的就是为企业所用。如果人才流失，他所流向的企业大多数都是原企业的竞争对手，由于掌握原企业的情报和新知识技能的应用，这对原企业来说无疑是一种潜在的威胁。

（3）专业技术保密难度增大的风险

任何一个组织在生产经营过程中，总有自己的管理经验和专有技术。专有技术要通过具体的人员应用才能使之转化成生产力和具体的产品，这就需要通过培训使参与这一工作的人员掌握，显然，掌握的人越多，保密难度越大。

（4）培训收益风险

组织投资培训就是为了获得收益，但培训所带来的效益增长并不一定能弥补培训投入，可能出现培训收益回报率低，甚至完全没有回报的风险。这种风险主要表现在以下三方面：

①培训效益的体现总是具有一定的滞后性。如组织因为在短期内看不到培训所产生的直接效益，就对培训活动产生怀疑，改变组织的经营战略，如技术改造、转产、职能调整或者人事变动等，就会使前期培训工作的效果丧失，导致培训对员工素质的提高而带来的收益低于培训成本。

②当今社会，科技日新月异、知识更新换代、市场变化莫测等不确定的外部环境因素都会带来企业培训贬值的风险。例如，为某项工艺投资开发的人力资本，如遇到外界科技创新而使这项工艺变得落后陈旧，为此投资的人力资本会贬值甚至毫无价值。

③人力资本的利用率低，即使组织培训投资较高，也会因为利用率低而造成事实上的人力资本贬值。如果此时组织进行战略调整，如转产、工艺改造等就会使培训完全没有回报。如果是组织进行技术更新、工艺调整或新产品的开发，就可能使正在培训或刚培训完的知识和技术过时，回报期缩短。

（四）培训风险的防范策略

从单位角度而言，虽然培训存在上述诸多风险，但培训仍然是必要的。由于新兴产业结构处于活跃、升级的关键期，新兴的高科技产业需要大量高素质、高技能的人才，人才供给不足，而传统行业中的低技能劳动者过剩。因而，一方面，仅靠从外部来寻找再生产所需的高层次人才，可能满足不了需要，且成本昂贵；另一方面，知识的更新日益加快，任何人若不对自己的知识及时更新，就赶不上时代的步伐，最终会丧失竞争力。因此，绝不能因噎废食，而是应该在做好培训的同时，尽力降低其风险。

1. 加强培训管理，提高培训质量，是防范培训风险的关键

企业培训员工，是希望提高员工的知识技能，从而提高企业的整体效益。这就要求企业搞好培训管理，从培训前的计划到培训后的考核，都要合理规划并加强管理。

（1）做好培训需求分析

在国内企业中不难发现，企业的培训往往是跟着潮流走的：现在 ERP 很热，就办一个 ERP 培训班；媒体都在讲人力资源管理，就开人力资源高级经理研修班；等等。结果是钱花了不少，但有没有效果就不得而知了。要使一个企业的培训有效，就必须使培训符合企业发展战略，这就需要我们进行培训需求分析。

要搞好培训需求分析，首先得全面、客观地收集培训需求信息。培训需求信息包括两个方面，即企业的发展战略和员工的个人信息。企业的培训必须是为企业的发展战略服务的，但是也要充分考虑员工的个人情况，如员工的知识技能现状、兴趣爱好、职业生涯发展规划等，只有同时兼顾企业的发展战略和员工的实际情况，才能使培训成功。

（2）制订与实施培训计划

制订周密的培训计划有助于企业有条不紊地开展培训，提高培训效益。但是有调查结果表明，目前国内真正有系统培训计划的企业还不足 50%，也就是说，有一半以上的企业对培训缺乏计划概念，这对培训来说是非常不利的。为此，企业要根据自身发展战略和人力资源的总体计划，考虑企业的培训需求与可能，确定企业培训的总体目标，并将其分解成若干分目标，再根据分目标的要求，制订

培训项目计划，分清轻重缓急，配以相应的人力、物力和财力，并确保计划的贯彻与落实。

（3）做好培训的转化工作

企业实施培训，当然是希望受训员工能将所学运用到工作中去。但有研究表明，通常只有10%的所学被转移到工作中。可见，做好培训转化工作对于增强培训效果有非常重要的作用。培训转化是指受训者有效且持续将所学到的知识和技能运用到工作中的过程。影响培训转化的因素很多，大致可以概括为转化氛围、上司支持、同事支持、应用所学的机会、自然遗忘、旧行为及旧模式的惯性等。在培训后，组织应尽量创造一个良好的环境使受训者尽快、尽可能多地将所学运用到工作中。

（4）做好培训评估工作

在培训管理中，评估起着一种特殊的信息反馈作用，它主要是调查收集受训者和有关人员对培训项目的看法，受训者学习后态度行为的变化是否达到了培训的预期目标，以及培训对组织的整体绩效的提高和培训需求的满足，它通过对现状与目标之间距离的比较，有效地促使被评估对象不断逼近预定目标，不断提高培训质量，并为下一阶段培训计划的制订提供依据。

2. 健全的规章制度能更有效地防止培训的风险

只有制定并严格执行规章制度，企业的生产和运作才能步入良性循环。对待培训亦是如此，健全的规章制度能更有效地防止培训的风险。

（1）完善人才档案制度

人才档案制度的内容设计要具有动态性，如月工作汇报、季度工作小结、半年工作总结、年度考核和民主评议等项目，还有培养目标、培养方法、进展情况等，使人才档案真正为选拔与使用人才提供全面、可靠的依据。

（2）建立严格的人才选拔、聘用和考核制度

这样，可以使企业在选拔与使用人才时有较系统和较客观的依据。

（3）建立科学的员工绩效评估机制

把员工对企业的贡献与待遇公平、合理地联系起来，让员工既能看到自己的待遇，又能看到自己对企业的贡献，从而可以有效地减少员工因为横向比较感到待遇不公的现象发生。

（4）要建立培训服务期的相应管理制度和管理办法

在制度、办法和与员工签署的培训服务协议中明确规定有关原则、标准和奖罚办法，并作为员工劳动合同的有效附件。培训服务期管理制度的内容主要包括八个方面：

①对于企业出资外派员工参加培训，员工因个人原因中途退学的，企业要制定明确的处罚标准。

②要明确培训费的范围，如教材费、场地费、餐饮费、培训期间的住宿标准、交通费等是否都计算在培训费范畴，要在协议中明确，以免在员工培训中引起不必要的争议。

③要明确较长时间的培训是否有探亲假、具体应如何休假。

④要明确员工在培训期间的待遇，包括出国期间的补贴、工资福利、保险等。

⑤对于培训时间周期比较长、培训费用比较高的员工，企业有权在培训期或培训结束后根据工作需要调整其工作岗位和薪酬。

⑥要明确培训服务期限的计算方式是单次还是累计计算，如用数学公式明确标明将更清晰。

⑦对于高额培训或者出国参加培训，企业应采取培训担保人制度，由担保人对员工进行培训担保，担保人可以是本企业员工，也可以是其家人或朋友。

⑧明确违约责任。如员工因个人原因提前解除或终止劳动合同，要明确赔偿方法和额度。原则上培训服务期最多不超过五年，并平均分摊在相应年度内；员工的最高赔偿标准不超过培训费之和。

3. 培训风险的防范还要有良好的企业文化做支撑

优秀的组织文化是一种强大的凝聚力和向心力，能调动全体员工的生产积极性和创造性，使组织得以长足发展。就培训来说，优秀组织文化的价值观和经营哲学作为组织的灵魂，不仅决定着整个组织的发展走向，而且也指引着组织培训的方向。

优秀组织文化指导下的培训把员工的利益与组织的长远利益更加紧密地联系起来，培训得到领导和员工的普遍重视，员工有参加培训的欲望和动力，也能享受培训带来的成功和喜悦。培训不再是可有可无的附属品。

在优秀的组织文化引导下，员工通过接受培训，不仅丰富了知识、提高了技能，还实现了人生价值，这能够极大地激发员工的工作热情，增强员工的凝聚力、忠诚感和归属感。通过培训，员工的工作技能、精神面貌、服务意识等都能得到提高，成为知识型工作者，能够让顾客感到满意和放心，使客户愿意与组织建立长期的业务往来和合作关系，从而使组织的产品得到大众信任，企业品牌成为大众心目中的名牌。更重要的是，在培训中，员工不断地了解组织的价值观和使命，明确组织的经营理念和规章制度；在工作中自觉地以组织经营理念为指导，模范地遵守组织的各项制度，加强了责任感和使命感，使组织的规章制度内化为员工的自觉行为，大大提高了组织的管理水平和工作效率。

4. 必要时还需要使用法律手段限制不合理的人才流动

人才流动是建立社会主义市场经济体制的客观要求，但是，人才流动不可避免地会产生种种不利于企业的结果。由于人才外流而使一些国有企业陷入困境的情况已不罕见。有合理的人才流动，也有不合理的人才流动，二者的区别在于是否遵守劳动纪律、执行劳动合同、保守商业秘密。此外，企业在加强职业道德教育、重视各类人才、增强内在凝聚力的同时，应着手采取各种合理防范措施，运用现有法律和制度，限制不合理的人才流动，降低企业培训的投资风险。

①企业要选择好培训时机：劳动者在试用期内，可以随时通知用人单位解除劳动合同。也就是说，只要是在试用期内，劳动者无论什么原因、什么情况向用人单位提出解除劳动合同的要求，用人单位不能以任何理由进行阻止。这就提醒企业，不要在试用期内出资对员工进行培训，如果确实需要在试用期内对员工进行培训，最好缩短试用期或与之签订一项短期的劳务合同。

②在激烈的市场竞争和从业者职业意识普遍不强的情况下，在对单位的核心层、骨干层进行培训前，一定要充分考虑他们流失的可能性及由此带来的后果。为了避免劳动者泄露用人单位的商业秘密，在有关法律规定中，允许用人单位和劳动者在劳动合同中约定保守商业秘密的条款，即竞业避止条款。用人单位可以和掌握商业秘密的员工在劳动合同中约定员工在终止或解除劳动合同后的一定期限内（不超过三年），不得到生产同类产品或经营相同业务且有竞争关系的其他单位就职，但用人单位应当给予员工一定数额的经济补偿。企业要注意的是，拟定相应条款，一定要慎之又慎，并且要不折不扣地执行，否则将使自己处于劣势

地位。

  ③企业应当依法维护自己的正当培训权益。对于违反培训协议的员工，可上诉至劳动争议仲裁委员会，若员工不履行劳动争议仲裁委员会的裁决，可向有管辖权的人民法院申请执行。

参考文献

[1] 刘燕，曹会勇. 人力资源管理［M］. 北京：北京理工大学出版社，2019.

[2] 陈锡萍，梁建业，吴昭贤. 人力资源管理实务［M］. 北京：中国商务出版社，2019.

[3] 田斌. 人力资源管理［M］. 成都：西南交通大学出版社，2019.

[4] 何伉. 人力资源法务指南［M］. 上海：上海社会科学院出版社，2019.

[5] 龙海军. 助理人力资源管理师［M］. 北京：经济日报出版社，2019.

[6] 徐艳辉，全毅文，田芳. 商业环境与人力资源管理［M］. 长春：吉林大学出版社，2019.

[7] 任广新. 人力资源优化管理研究［M］. 北京：北京工业大学出版社，2019.

[8] 李志. 公共部门人力资源管理［M］. 重庆：重庆大学出版社，2019.

[9] 诸葛剑平. 人力资源管理［M］. 杭州：浙江工商大学出版社，2020.

[10] 宋岩，彭春凤，臧义升. 人力资源管理［M］. 武汉：华中师范大学出版社，2020.

[11] 褚吉瑞，李亚杰，潘娅. 人力资源管理［M］. 成都：电子科技大学出版社，2020.

[12] 李燕萍，李锡元. 人力资源管理［M］. 3版. 武汉：武汉大学出版社，2020.

[13] 张钧. 图书馆人力资源管理［M］. 北京：中国商业出版社，2020.

[14] 黄建春. 人力资源管理概论［M］. 重庆：重庆大学出版社，2020.

[15] 朱舟. 人力资源管理［M］. 3版. 上海：上海财经大学出版社，2020.

[16] 闫志宏，朱壮文，李贵鹏. 人力资源管理与企业建设［M］. 长春：吉林科学技术出版社，2020.

[17] 刘娜，邱玉琢，吴崇. 大数据人力资源管理［M］. 南京：河海大学出版社，2020.

[18] 许云萍. 现代人力资源管理与信息化建设［M］. 长春：吉林科学技术出版

社，2020.

[19] 彭良平. 人力资源管理 [M]. 武汉：湖北科学技术出版社，2021.

[20] 郭云贵，周志强，潘攀. 人力资源管理慕课版 [M]. 武汉：华中科技大学出版社，2021.

[21] 杨少杰. 人力资源管理演变 [M]. 北京：中国法制出版社，2021.

[22] 彭剑锋. 人力资源管理概论 [M]. 3 版. 上海：复旦大学出版社，2021.

[23] 郎虎，王晓燕，吕佳. 人力资源管理探索与实践 [M]. 长春：吉林人民出版社，2021.

[24] 张利勇，杨美蓉，林萃萃. 人力资源管理与行政工作 [M]. 长春：吉林人民出版社，2021.

[25] 金艳青. 人力资源管理与服务研究 [M]. 长春：吉林人民出版社，2021.

[26] 郎虎. 人力资源管理与行政工作 [M]. 长春：吉林人民出版社，2021.

[27] 祁红梅，田莉莉，林健. 人力资源管理风险规避研究 [M]. 长春：吉林人民出版社，2021.

[28] 张岚，王天阳，王清绪. 企业高绩效人力资源管理研究 [M]. 长春：吉林文史出版社，2022.

[29] 焦艳芳. 人力资源管理理论研究与大数据应用 [M]. 北京：北京工业大学出版社，2022.

[30] 水藏玺. 人力资源管理体系设计全程辅导 [M]. 3 版. 北京：中国经济出版社，2022.

[31] 钱玉竺. 现代企业人力资源管理理论与创新发展研究 [M]. 广州：南方传媒；广东人民出版社，2022.

[32] 陈宁. 基于组织绩效建设的高校人力资源管理优化策略研究 [M]. 长春：吉林大学出版社，2022.

[33] 刘大伟，王海平. 高质量发展视域下企业人力资源管理伦理研究 [M]. 武汉：华中科技大学出版社，2022.

[34] 张燕娣. 人力资源培训与开发 [M]. 上海：复旦大学出版社，2022.

[35] 周丽，王珏斑，朱王海. 数据科技人力资源管理 [M]. 武汉：武汉大学出版社，2023.

［36］赵滨，李琳，李新龙. 经济管理与人力资源管理研究［M］. 北京：中国商务出版社，2023.

［37］温礼杰. 人力资源管理资深 HR 教你从入门到精通［M］. 北京：中华工商联合出版社，2023.

［38］吴艳华. 企业管理与人力资源建设研究［M］. 北京：中国商务出版社，2023.